RICHARD DAVID PRECHT

Warum gibt es alles und nicht nichts?

Lesen erleben

*Buch*

»Warum gibt es alles und nicht nichts? Wahrscheinlich ist dies die älteste Frage der Philosophie überhaupt. Die Frage, die vor allem anderen steht. Immer wieder und in allen Ländern haben Menschen versucht, Antworten darauf zu geben. Und meistens haben sie dafür Geschichten erfunden.«
Richard David Precht erzählt in diesem Buch Geschichten. Denn Sohn Oskar stellt sich auf den langen Spaziergängen, die ihn mit dem Vater quer durch Berlin führen, jede Menge Fragen: Warum gibt es mich? Sind fünf Menschen mehr wert als einer? Warum stören Spiegel beim Klauen? Verderben Belohnungen den Charakter? Was ist fair? Und: Was ist wirklich wichtig im Leben? Auf spielerische Art und Weise erkunden Vater und Sohn die Welt. Ein Buch zur Philosophie für alle jungen Menschen, die es genauer wissen wollen!

*Autor*

Richard David Precht, Philosoph, Publizist und Autor, wurde 1964 in Solingen geboren. Er promovierte 1994 an der Universität Köln und war fünf Jahre Wissenschaftlicher Mitarbeiter in einem kognitionspsychologischen Forschungsprojekt am Lehrstuhl für Schulpädagogik. Im Jahr 2000 wurde er mit dem Publizistikpreis für Biomedizin ausgezeichnet. Mit seinem Philosophiebuch »Wer bin ich – und wenn ja, wie viele?«, dem bekannten Best- und Longseller, begeistert er Leser wie Kritiker. Auch seine Bücher »Liebe. Ein unordentliches Gefühl«, »Die Kunst, kein Egoist zu sein« und »Warum gibt es alles und nicht nichts?« waren große Bestsellererfolge. Als Honorarprofessor lehrt er Philosophie an der Leuphana Universität Lüneburg und an der Musikhochschule Hanns Eisler Berlin. Seit September 2012 moderiert er die ZDF-Philosophiesendung »Precht«.

Von Richard David Precht ist im Goldmann Verlag außerdem erschienen:

Die Kosmonauten
Die Instrumente des Herrn Jørgensen
Wer bin ich, und wenn ja, wie viele?
Liebe. Ein unordentliches Gefühl
Die Kunst, kein Egoist zu sein
Anna, die Schule und der liebe Gott
Lenin kam nur bis Lüdenscheid

# Richard David Precht

# Warum gibt es alles und nicht nichts?

Ein Ausflug in die Philosophie

**GOLDMANN**

Dieses Buch ist auch als E-Book erhältlich.

Verlagsgruppe Random House FSC® N001967
Das FSC®-zertifizierte Papier *Holmen Book Cream* für dieses Buch
liefert Holmen Paper, Hallstavik, Schweden.

1. Auflage
Taschenbuchausgabe November 2015
Copyright © 2011 by Wilhelm Goldmann Verlag, München,
in der Verlagsgruppe Random House GmbH
Umschlaggestaltung: UNO Werbeagentur, München
Umschlagmotive: FinePic®, München
Illustrationen im Innenteil: FinePic®, München
KF · Herstellung: Str.
Druck und Einband: GGP Media GmbH, Pößneck
Printed in Germany
ISBN: 978-3-442-15634-4
www.goldmann-verlag.de

Besuchen Sie den Goldmann Verlag im Netz

*Für Oskar und Far*

# Inhalt

**Einleitung**
*Von Erwachsenendingen, Eidechsendingen
und Kinderdingen* ............................. 11

## Ich & Ich

**Im Museum für Naturkunde**
*Warum gibt es alles und nicht nichts?* ........ 19

**Im Museum für Naturkunde (2)**
*Warum gibt es mich?* ....................... 26

**Im Aquarium**
*Woher haben die Tiere ihre Namen?* .......... 33

**Im Zoo**
*Warum sind Ratten ohne Namen
sympathischer?* ............................. 42

**Im Tierpark**
*Wie ist es, ein Flughund zu sein?* ............ 49

**In der U-Bahn**
*Warum können Gorillas unsichtbar sein?* ...... 58

**Im Technikmusuem**
*Wer ist »Ich?«* ............................... 68

**Im Irrgarten in Marzahn**
*Bin ich wirklich ich?* ....................... 78

# Das Gute & Ich

**Auf der Freundschaftsinsel**
*Gibt es Moral im Gehirn?* .................... 89

**Im Hauptbahnhof**
*Sind fünf Menschen mehr wert als einer?* ..... 99

**Vor der Charité**
*Darf man Tante Bertha töten?* ............... 108

**Am Plötzensee**
*Warum stören Spiegel beim Klauen?* .......... 117

**Auf dem RAW-Gelände**
*Verderben Belohnungen den Charakter?* ....... 126

**Auf dem »Kolle 37«**
*Was ist fair?* .............................. 135

**Vor Konnopkes Würstchenbude**
*Darf man Tiere essen?* ...................... 143

## Mein Glück & Ich

**In Sanssouci**
*Warum haben Menschen Sorgen?* ............ 155

**Im Neuen Museum**
*Was ist Schönheit?* ........................ 166

**Im Plänterwald**
*Was ist gerecht?* ........................... 174

**Im Mauerpark**
*Was ist Freiheit?* .......................... 183

**Auf dem Fernsehturm**
*Worauf kommt es im Leben an?* .............. 195

**Literaturhinweise** ........................ 203

# Einleitung

*Von Erwachsenendingen, Eidechsendingen und Kinderdingen ...*

Eines Tages, vor etwa einem Jahr, standen Oskar und ich im Berliner Aquarium und beobachteten den Zitteraal. Zitteraale sind ziemlich fiese Ungetüme, dicke grau-rosa-farbene Würste. Ihre winzigen trüben Augen sind blind, und der Fisch ist stark elektrisch. Ein richtiges Monster war es, das da vor unseren Augen langsam durch die Wasserpflanzen glitt.

Nun findet Oskar Monster nicht nur gruselig, sondern auch äußerst spannend. Sollten wir nicht mal ein Kinderbuch schreiben, mit einem unglaublich riesigen Zitteraal als Bedrohung? Ein Ungeheuer mit tödlichen Stromschlägen? Zu Oskars Lieblingsbüchern gehört eine Reihe mit einem jungen Helden, der im Mittelalter eine ganze Serie von Monstern bekämpft. Warum sollten wir nicht auch ein solches Buch schreiben, eben mit einem Zitteraal? Mit wissenschaftlichem Namen heißt das Monster übrigens *Electrophorus*. Ein toller Name: »Electrophorus – der Schrecken des Amazonas«. Den Titel hätten wir schon.

Aber mit einem Mal wurde Oskar sehr nachdenklich. Ihm kamen Zweifel. »Papa, das geht nicht«, sagte er betrübt. – »Im Mittelalter gab es noch gar keinen Strom.«

Heute ist Oskar ein Jahr älter. Und er weiß natürlich auch, dass es im Mittelalter zwar schon Elektrizität gab. Aber niemand wusste damals, was das ist. Wenn es blitzte, entluden sich auch im Mittelalter elektrische Ladungen. Trotzdem hatte Oskar irgendwie recht: Strom und Mittelalter – das passt nicht richtig zusammen.

Ob etwas sachlich richtig ist oder ob etwas gefühlt zusammenpasst, sind zwei verschiedene Dinge. In diesem Buch soll es um beides gehen. Um das, wovon wir genau wissen, dass es stimmt, und um all die vielen Dinge, von denen wir nur ungefähr wissen, was stimmt. Sachen, bei denen wir aber ein Gefühl haben, was gut oder schlecht zusammenpasst.

Man sagt oft, Kinder seien die wahren Philosophen. Sie sind neugierig und wollen alles ganz genau wissen. Und es gibt unendlich viel zu wissen in der Welt. Dabei gibt es Fragen, die man leicht beantworten kann. Und es gibt Fragen, die man nur schwer, nicht endgültig oder gar nicht beantworten kann. Solche Fragen sind oft *philosophische* Fragen.

Viele dieser Fragen und Antworten, die für Kinder spannend sind, sind es natürlich auch für Erwachsene. Oft stellen sie sich die gleichen Fragen: Wo kommt alles Leben eigentlich her? Warum sind Menschen oft traurig? Und woran kann man eigentlich erkennen, ob das, was man tut, richtig ist oder falsch?

In meinen drei letzten Büchern für Erwachsene habe ich mich mit diesen Fragen beschäftigt. Und deshalb habe ich die eine oder andere Frage und Geschichte aus diesen Büchern übernommen. Natürlich habe ich sie umgearbeitet, damit auch Kinder sie verstehen können. Oskar ist inzwischen alt genug, dass er vieles davon verstehen kann.

Dazu gibt es manches, was ganz besonders für Kinder spannend ist. Der Philosoph Martin Heidegger meinte einmal, dass das, was Menschen denken, für Eidechsen todlangweilig und völlig unvorstellbar ist. In ihrer Welt gibt es nämlich keine Menschendinge, sondern nur »Eidechsendinge«. Aber was sind das – Eidechsendinge? Das verriet Heidegger leider nicht. Vielleicht sind es solche Dinge wie knusprige Insekten, tolle heiße Steine und kuschelig schützende Höhlen?

Ebenso wie es »Eidechsendinge« gibt, gibt es natürlich auch »Kinderdinge«. Lange Flure zum Beispiel, durch die man nicht langsam gehen, sondern nur rennen kann. Oder glatte Fußböden, über die man unbedingt auf Socken rutschen muss. Geländer, die zum Balancieren einladen. Kissen, die ihren Sinn erst durch eine Kissenschlacht bekommen. Sofas, die zum darauf Hüpfen da sind. Und genauso gibt es auch Kinderfragen. Dabei unterscheiden sich die Kinderfragen von den Erwachsenenfragen wie das langsame Gehen über einen glatten Flur vom Durchrutschen. Aber auch Erwachsene – zum Beispiel wenn sie sehr gut gelaunt, etwas betrunken oder frisch verliebt sind – erinnern sich manchmal daran, das Rutschen eigentlich schöner ist als langsames Entlangschreiten ...

Deshalb sind Kinderdinge oft etwas sehr Ähnliches wie Erwachsenendinge. Nur eben meist spontaner, lustiger und ehrlicher. Kinder wissen nämlich meistens, dass sie vieles nicht wissen. Wogegen Erwachsene immer glauben, sie müssten auf alles eine Antwort haben. Vermutlich deshalb, weil sie glauben, man hielte sie sonst für dumm. Und dumm will natürlich keiner sein. Erwachsene genauso wenig wie Kinder. Dabei sind vor allem die Menschen dumm, die glauben, dass sie alles wüssten ...

Für unsere vielen philosophischen Gespräche haben Oskar und ich uns Berlin ausgesucht. Die Stadt gehört zu unseren Lieblingsstädten. Es gibt unglaublich viel zu sehen, zu besichtigen und zu tun.

Wie viele berühmte Philosophen, die ihre besten Gedanken beim Gehen hatten, haben wir viele Spaziergänge gemacht. Und so durften wir uns bei unseren Ausflügen in Berlin ein ganz klein wenig wie Jean-Jacques Rousseau fühlen, wie Martin Heidegger oder wie Immanuel Kant, nach dessen philosophischen Spaziergängen die Nachbarn sogar ihre Uhren gestellt haben sollen, weil sie so regelmäßig waren und so pünktlich ...

# Ich & Ich

# Im Museum für Naturkunde

*Warum gibt es alles und nicht nichts?*

Solange er zurückdenken kann, hat sich Oskar für Dinosaurier interessiert, für ausgestorbene Säugetiere wie Säbelzahntiger und für die früheren Erdzeitalter. Unsere erste Station in Berlin ist darum immer das Museum für Naturkunde in der Invalidenstraße.

Schon von außen wirkt das Gebäude stattlich und beeindruckend. Ein großes altes Haus aus der Zeit des Kaiserreichs mit etwas abgebröckelter Fassade, die das Museum so alt aussehen lässt, wie es ist. In der Eingangshalle wartet schon das Skelett des Brachiosaurus auf uns – das größte komplett aufgebaute Dinosaurierskelett aus echten Knochen. Zwar weiß man heute, dass es in der Jura-Zeit noch größere Saurier gab als den Brachiosaurus, zum Beispiel Supersaurus und Argentinosaurus. Aber es ist noch immer ein beeindruckendes Gefühl, wenn man unter dem alten Skelett steht, das doppelt so hoch wie eine Giraffe ist und fast so lang wie ein Blauwal. Daneben stehen die Skelette anderer Jura-Dinosaurier wie Diplodocus und Allosaurus. Sie lassen sich mit Computer-Simulationen gleichsam zum Leben erwecken. Und natürlich gibt es noch das wertvolle Fossil des Urvogels Archaeopterix in seinem Kalkstein.

Im Treppenhaus wird es richtig gemütlich. Hier befindet sich eine einladende Liegeinsel, auf die man sich am liebsten gleich draufwerfen möchte. Dies ist Oskars Lieblingsplatz im ganzen Museum. Wenn man sich auf den Rücken dreht, sieht man eine Multimediainstallation über die Entstehung des Universums, den Urknall, die Geschichte des Kosmos und der Erde. Entspannt und konzentriert sehen und lauschen wir, wie Galaxien entstehen und vergehen, Sterne aufblitzen und erlöschen. Bis wir am Ende in einen Spiegel schauen und uns selbst sehen, wie wir auf den Polstern liegen und nach oben blicken. Zwei winzige, aber hochvergnügte Kreaturen auf einem kleinen Planeten im riesigen Universum. Als wir das ehrwürdige alte Treppenhaus hochgehen in den ersten Stock, fragt Oskar auf einmal ganz ernst:

- *Papa, warum gibt es das alles?*
- *Wie meinst du das, Oskar?*
- *Ich meine, warum es das alles gibt. Warum gibt es alles und nicht nichts?*
- *Du meinst, warum es Sterne, Planeten, Pflanzen, Tiere und Menschen gibt?*
- *Ja, warum ist das alles überhaupt da?*

Warum gibt es alles und nicht nichts? Wie oft haben sich Menschen das schon gefragt. Immer und immer wieder. Wahrscheinlich ist es die älteste Frage der Philosophie überhaupt. Die Frage, die vor allen anderen steht. Immer wieder und in allen Ländern haben Menschen versucht, Antworten darauf zu geben. Und meistens haben sie dafür Geschichten erfunden.

Die alten Chinesen erzählen im »Buch der Berge und Meere« vom Chaos als Urzustand. Das Chaos ist ein bunter Vogel ohne Gesicht, der auf sechs Füßen tanzt. Die Germanen nannten das Chaos *Ginnungagap* – die gähnende Schlucht. Die Juden nannten es *Tohuwabohu* – das große Durcheinander. (Auch heute noch benutzen viele Eltern das Wort, wenn sie meinen, dass ihr in den Zimmern mal wieder ein Tohuwabohu angerichtet habt. Aber ihr dürft ihnen dann ruhig erklären, dass es kein Tohuwabohu ist, sondern ein Ginnungagap...)

Für die alten Ägypter stand am Anfang das Urwasser, aus dem sich eines Tages der Urhügel – die Erde – erhob.

In einer anderen altägyptischen Geschichte entstehen die Götter aus dem Urschlamm. Der Erste, der sich daraus befreit, ist Atum, der Schöpfergott. Er erzeugt die Welt, indem er den Gott der Luft und die Göttin des Feuers hervorbringt. Die Geschichte vom Urhügel oder Weltenberg findet sich auch bei den Sumerern, die ihre Tempel nach dem Modell des Weltenbergs bauten.

Eine andere beliebte Erzählung in vielen Kulturen ist, dass die Welt aus einem Ei entsprungen ist. Solche Geschichten gibt es in Osteuropa, in Nordasien, bei den Griechen, den Persern und den Ägyptern. Auch die alten Chinesen kennen den Ursprung der Welt aus dem Ei. Es ist die Erzählung vom Riesen *Pangu*. Zunächst war er ein winziger Zwerg und wurde aus einem Urei geboren, und zwar vor ziemlich genau 18 000 Jahren. Aus der unteren Hälfte der Eierschale entstand *Yin* – die Erde. Und aus der oberen Eierschale wurde *Yang* – der Himmel. Dazwischen eingeklemmt wuchs Pangu zu einem Riesen heran und zerbrach in viele kleine Teile: in den Mond, die Sonne, die Berge, die Flüsse, den Wind und so weiter. Ein ganz besonderes Schicksal aber ereilte die Flöhe auf seiner Haut. Aus ihnen entstanden die Menschen.

– *Aber Papa, diese Geschichten stimmen doch gar nicht! All diese komischen Götter und Eier.*
– *Nein.*
– *Aber warum erzählst du sie mir dann? Geschich-*

*ten erzählen, die nicht stimmen – ist das Philosophie? Da kann man sich ja gleich Geschichten ausdenken so wie aus »Star Wars« oder so ...*
- *Ja, das könnte man. Jeder kann sich seine eigene Geschichte ausdenken, woher die Welt kommt. Und weißt du, woran das liegt? Weil man niemals herausfinden wird, was die Wahrheit ist.*
- *Aber was wir gesehen haben, ist doch die Wahrheit. Das Universum ist durch den Urknall entstanden.*
- *Ja, das vermuten wir. Jedenfalls, soweit wir das heute wissen. Vielleicht gibt es aber auch bald eine neue Theorie. Und in hundert Jahren sieht man die Sache wieder anders. Genau wissen werden wir es nie.*
- *Wenn es den Urknall gab, wodurch alles auseinandergeflogen ist, dann muss es auch etwas vorher gegeben haben, vor dem Urknall.*
- *Ja, so einen riesigen Klumpen.*
- *Und der Klumpen, wo kommt der her?*
- *Das ist ja das Problem. Wenn die Welt aus einem Ei entsprungen sein soll, woher kommt dann das Ei? Und wenn am Anfang ein Klumpen war, woher kommt dann der Klumpen? Schon die alten griechischen Philosophen haben sich mit dieser Frage beschäftigt und festgestellt: »Aus nichts entsteht nichts!«*

- *Papa, heißt das, es gibt keine Antwort?*
- *Ich fürchte, da hast du recht, Oskar. Erinnerst du dich, dass ich dir mal gesagt habe: Die echten philosophischen Fragen sind die, auf die es keine sichere Antwort gibt ...?*
- *Und auf meine Frage gibt es keine?*
- *Nun, manchmal gibt es Fragen, auf die man NOCH keine sichere Antwort weiß. Zum Beispiel wusste man lange nicht, was Strom ist. Also konnte man sich nicht erklären, was ein Blitz ist. Man dachte, dass ein Gott auf einer dunklen Wolke sitzt und die Blitze schleudert oder etwas Ähnliches. Heute wissen wir das besser und können Blitze genau erklären. Aber es gibt auch Fragen, auf die es immer schwer sein wird, eine sichere Antwort zu geben. Und das sind die echten philosophischen Fragen.*
- *Zum Beispiel meine Frage, Papa?*
- *Genau. Deine Frage ist noch nicht einmal irgendeine philosophische Frage. Es ist die größte und schwerste philosophische Frage überhaupt. Aber vielleicht erinnerst du mich am Ende unseres Buches noch einmal daran. Denn wenn wir über alles nachgedacht haben, über das wir zusammen nachdenken wollen – wer weiß, vielleicht fällt uns dann am Ende eine Antwort ein, die uns trotz allem zumindest halbwegs zufrieden stellt ...?*

Auf jeden Fall haben wir eine erste philosophische Einsicht gewonnen:

**Nicht jede philosophische Frage lässt sich beantworten. Auf viele gibt es nur ungefähre Antworten. Und viele davon führen sofort zu neuen Fragen.**

Denn wenn man schon nicht sagen kann, warum es alles gibt und nicht nichts – kann man dann nicht zumindest sagen, warum es Menschen gibt?

= *Warum gibt es mich?*

# Im Museum für Naturkunde (2)

*Warum gibt es mich?*

In einem etwas abgedunkelten Raum des Museums steht eine riesige Glasvitrine, so groß wie eine Wand. Von den kleinsten Käfern bis zu Nebelpardern und Geparden sieht man hier all die verschiedenen Tiere unseres Planeten: einen großen Storch, den Schuhschnabel, daneben Löffelreiher, Kraniche, Weißkopfseeadler und Doppelhornvögel. Jeder Schnabel hat eine andere Form und ist zu etwas anderem gut. Bei jeder Tiergruppe sieht man, wie sie sich in der Evolution zu vielen verschiedenen Formen entwickelt hat.

Angefangen hat alles einmal ganz einfach. Vor unvorstellbar langer Zeit, vor etwa 3,5 Milliarden Jahren, entwickelte sich zum ersten Mal das Leben und bildete seitdem immer neue Formen. Wenn man in einen Seitenflügel des Museums geht, kommt ein besonderer Raum. Nur wenige Besucher dürfen gleichzeitig hier rein. Es ist kalt dort drinnen, düster und etwas gespenstisch. In hohen Vitrinen lagern Hunderttausende von großen und kleinen Glasgefäßen mit Fischen, Spinnen, Krebsen, Amphibien und Säugetieren.

- *Erinnerst du dich, Oskar, was ich dir erzählt habe, wo die Menschen herkommen?*
- *Von den Affen.*
- *Und woher weiß man das?*
- *Weil man Knochen und Köpfe von Affenmenschen gefunden hat.*
- *Wusste man das denn schon immer?*
- *Nein, ich glaube nicht.*
- *Weißt du, wie lange man das schon weiß, Oskar?*
- *Nicht genau.*

Dass Menschen und Affen irgendwie miteinander verwandt sind, ahnten die Menschen schon vor mehr als 2000 Jahren. Die Ureinwohner Indonesiens glaubten, dass Orang-Utans Menschen sind, die nur deshalb nicht reden, weil sie zu faul zum Arbeiten sind. Und das Wort Orang-Utan bedeutet auf Deutsch: »Waldmensch«. Die Mayas in Südamerika schrieben in ihrem »Ratsbuch«, wie die Götter die ersten Menschen erschufen. Leider waren sie ihnen nicht gut geraten. Sie waren nicht intelligent und sensibel, sondern gefühllos. Da verwandelten die Götter ihre verpfuschten Menschen in Affen.

Die Bibel dagegen kennt keine Schöpfungsgeschichte, in der Affen vorkommen. Aus einem ganz einfachen Grund: In Israel, wo die Bibel entstand, gibt es gar keine Affen. Und was man nicht kennt, darüber kann man auch keine Geschichten erzählen und Erklärungen erfinden.

Die Wissenschaft weiß heute, dass der Mensch von affenähnlichen Vorfahren abstammt. Aber es dauerte sehr lange, bis die meisten Menschen davon überzeugt waren. Als der berühmte Naturforscher Charles Darwin vor 150 Jahren erklärte, dass alle Tiere, die heute leben, von ganz anderen Tieren abstammen, die früher lebten, wurde er erst verspottet. Bis dahin wollten viele Menschen glauben, was in der Bibel steht: dass Gott die Tiere und Menschen erschaffen hat. Nach der Sintflut strandete die Arche Noah dann auf dem Berg Ararat, einem Vulkan in der Türkei. Noch kurz vor Darwin glaubten viele Naturforscher, dass alle heute lebenden Tierarten vom Berg Ararat aus losgewandert sind, bis sie dort ankamen, wo Gott sie haben wollte.

Man muss sich einmal vorstellen, wie die Eisbären durch die Türkei und ganz Europa bis nach Grönland gewandert sind. Was für eine Hitze! Und erst recht die armen Kaiserpinguine! Vom Berg Ararat bis ans Meer sind es über hundert Kilometer. Dann durch das Schwarze

Meer ins Mittelmeer und von dort durch den atlantischen Ozean bis zum Südpol schwimmen. Ganz schön anstrengend. Und wie sind die Frösche und Kröten und erst die Schnecken um die halbe Welt bis nach Südamerika und Australien gekommen?

Die Geschichte aus der Bibel kann also nicht stimmen. Heute wissen wir, dass sich die Pflanzen und Tiere nach und nach entwickelt haben und sich dabei im Lauf der Zeit veränderten. Nicht anders war es beim Menschen. Dabei sind uns unsere ältesten Vorfahren bis heute unbekannt. Was wir wissen, ist, dass vor etwa 4 oder 5 Millionen Jahren eine Reihe verschiedener Affenmenschen in Ostafrika entstanden: die *Australopithecinen*. Auf Deutsch bedeutet der Name: »Südaffen«. Sie bewohnten Halbwüsten, Savannen, kleinere Wälder und sumpfige Flusslandschaften. Sie lebten in Horden zusammen, und irgendwann erlernten die Südaffen den aufrechten Gang. In späterer Zeit lebte in Ostafrika dann der *Homo habilis* – der »geschickte Mensch«. Er hatte ein viel größeres Gehirn als die Südaffen und war dem Menschen auch schon viel ähnlicher. Noch etwas später entwickelte sich *Homo erectus* – der »aufrecht gehende Mensch«. Als erster Vorfahre des Menschen breitete er sich von Ostafrika auf andere Kontinente aus und wanderte bis nach Südostasien. Vor etwa 200 000 Jahren dann entwickelte sich aus dem Homo erectus sein Nachfahre *Homo sapiens* – der »schlaue Mensch«. Und das sind wir.

- *Warum also gibt es dich, Oskar?*
- *Weil die Menschen sich aus den Affen entwickelt haben. Irgendwann haben sie sich zu meiner Mama entwickelt und zu meinem Papa, und die haben mich dann geboren.*
- *Meinst du, dass es Absicht war, dass die Menschen entstanden sind? Oder Zufall?*
- *Keine Ahnung.*
- *Stell dir mal vor, es gäbe noch mal die Südaffen. Glaubst du, sie würden sich wieder zu den heutigen Menschen entwickeln?*
  (Oskar zuckt mit den Schultern)
- *Ehrlich gesagt: Ich weiß es auch nicht. Aber ich glaube, dass nicht genau die gleichen Menschen dabei herauskommen würden. Vielleicht wären es ganz andere Menschen?*
- *Vielleicht wären sie klein und gebückt und mit Fell an manchen Stellen. Oder riesig groß mit zerrissenen Kleidern. Und sie bekämpfen sich fürchterlich untereinander. Oder sie laufen auf vier Beinen ...?*
- *Das klingt nach Trollen oder Orks. Richtige Monster hätten wir werden können. Stell dir mal vor, wie unser Leben wäre, wenn wir zum Beispiel viel längere Arme hätten und ganz kurze Beine.*
- *Dann wären die Tische viel niedriger, Papa. Treppen gäbe es auch nicht.*

- *Nein, vielleicht nur so Rampen wie für Rollstuhlfahrer ...*
- *Die Autos sähen auch anders aus.*
- *Wenn es überhaupt welche gäbe! Diese Menschen würden bestimmt auch keinen Fußball spielen.*
- *Nein, Papa, nur Handball und Basketball. Wegen der langen Arme.*
- *Ja, niemand weiß, wie sich das Leben auf der Erde entwickelt hätte, wenn die Zufälle alles anders gemacht hätten.*

Unsere zweite philosophische Einsicht heißt:

**Der Mensch ist durch viele Zufälle entstanden. Und wir haben wenige Gründe zu vermuten, dass es dahinter einen Sinn gibt.**

Für viele Menschen ist das nicht leicht zu akzeptieren. Überall in unserem Leben suchen wir nach Sinn. Kann es dann sein, dass es einen solchen großen Sinn nicht gibt? Dass unsere Existenz nur von Zufällen abhängt? Normalerweise ist es nämlich sehr wichtig für uns, dass alles einen Sinn haben soll. Wenn wir etwas tun, tun wir es, weil es sinnvoll ist. Wir essen, trinken und schlafen, weil es sinnvoll ist, das zu tun. Ansonsten würden wir sterben. Auch mit unserer Familie und unseren Freunden sind wir zusammen, weil es uns etwas bedeutet. Wir gehen in die Schule, weil es sinnvoll ist, viel zu lernen. Und wir arbeiten, weil es in unserer Welt wichtig ist, dass wir Geld verdienen. Jedes Ballspiel hat sinnvolle Regeln. Unsere Wörter haben eine Bedeutung. Und unsere Sätze ergeben einen Sinn.

Der Mensch ist vielleicht das einzige Tier, das ganz ohne Sinn in seinem Leben gar nicht leben kann. Selbst den Tieren, die wir nicht selbst gemacht haben und die schon lange vor uns da waren, geben wir Bedeutungen – durch ihre Namen.

= *Woher haben die Tiere ihre Namen?*

# Im Aquarium

*Woher haben die Tiere ihre Namen?*

Unsere zweite Station in Berlin ist immer das große alte Aquarium am Zoo. Es sieht ziemlich ehrwürdig und imposant aus und wurde von Tiervater Brehm gegründet. In den Wänden sind Reliefs mit Dinosauriern eingelassen. Und auch drinnen gibt es einige furchterregende Kreaturen. Den Teppichhai zum Beispiel, Schaufelnasenhammerhaie, einen Geigenrochen und unsere gefährliche alte Freundin, die Sandtigerhaidame »Nicki«.

Auch dieses Mal gehen wir als Erstes ins Aquarium. Wir schauen in die großen Meerwasserbecken, ob unsere schuppigen Freunde noch da sind. Und dann gehen wir zu den Süßwasseraquarien. Hier interessieren uns besonders die vielen Arten von elektrischen

Rüsselfischen, von denen wir auch in unserer Kölner Wohnung einen ganzen Schwarm haben. Von allen Tieren auf der Welt haben sie das größte Gehirn im Verhältnis zu ihrem Körpergewicht, und ohne Zweifel sind sie auch sehr intelligent.

Tatsächlich gab es dieses Mal neue Rüsselfische zu sehen, Tamandua-Rüsselfische aus Westafrika. In der Natur schwimmen die Fische im Kongo-Fluss und ertasten ihre Beute mit einem elektrischen Taststab, der wie ein kleiner Rüssel aussieht. Die Tamandua-Rüsselfische haben aber nicht nur den Taststock, sondern dazu tatsächlich einen kleinen Rüssel. Sie sehen aus wie Delfine oder mehr noch wie schwimmende Nasenbären oder eben wie ein Ameisenbär. Der Ameisenbär, dem sie am ähnlichsten sehen, ist der Tamandua-Ameisenbär aus dem südamerikanischen Regenwald. Tamanduas haben nicht so einen langen Rüssel wie ihre berühmteren Verwandten, die Großen Ameisenbären. Und sie sind nicht graubraun, wie ihr großer Vetter, sondern schwarz-weiß gescheckt. Und so ähnlich ist es auch mit dem Tamandua-Rüsselfisch. Er hat eine mittellange Nase und ist braun-weiß gescheckt. Nachdem ich Oskar all das erklärt habe, fragt er mich plötzlich:

- *Papa, woher haben die Fische ihre Namen?*
- *Aber Oskar, das habe ich dir doch gerade erklärt,*

*der Tamandua-Rüsselfisch heißt Tamandua-Rüsselfisch, weil er aussieht wie ein ...*
- *Nein, Papa, das meine ich doch nicht.*
- *Nicht?*
- *Nein, ich will wissen, woher man weiß, wenn man einen Fisch entdeckt, dass der so heißt.*
- *So heißt? Wie meinst du das?*
- *Ich meine, wenn man einen neuen Fisch entdeckt, wie findet man dann heraus, wie sein wirklicher Name ist? Woher weiß man, dass er nicht ganz anders heißt?*
- *Ganz anders? Was meinst du?*
- *Ja, dass er nicht in Wahrheit anders heißt, also zum Beispiel nicht Tamandua-Rüsselfisch, sondern Quajakougou oder so ...?*

Erst in diesem Moment verstehe ich, was Oskar meint. Er meint, dass jedes Tier (und wahrscheinlich auch jede Pflanze und alles andere, ein Felsen und so weiter) einen *eigentlichen* Namen haben müsste, einen Namen, der vielleicht gar nichts mit dem zu tun hat, wie die Menschen die Dinge nennen ...

Woher haben die Tiere ihre Namen? Schon in der Bibel wird erzählt, wie Adam den Tieren ihre Namen gibt. Und das ist nicht ganz falsch. Alle Namen, die die Tiere haben, haben sie von Menschen. Überall in der Welt geben die Einwohner der Länder, in der die Tiere leben, ihnen Namen. Die Forscher aus anderen Ländern aber gaben den Tieren oft andere und neue Namen. So haben die allermeisten Tiere ganz viele verschiedene Namen. Das *Erdmännchen* etwa heißt nur in Deutschland so. Die Engländer nennen die Tiere *Meerkat*, was eigentlich Meerkatze auf Niederländisch heißt und sehr irreführend ist. Denn Erdmännchen gehören nicht zu den Affen, wie die Meerkatzen, sondern zu den Schleichkatzen wie zum Beispiel auch die Mungos. So etwas passiert oft, weil die Menschen, die den Tieren ihre Namen gaben, sich nicht gut auskannten. Auch das *Flusspferd* ist ja kein Pferd, sondern mit den Schweinen verwandt. Aber die alten Griechen, die die ersten Flusspferde zu Gesicht bekamen, nannten sie *Hippos potamos* – und das heißt »Pferd des Wassers«.

Nicht anders sieht es beim *Ameisenbär* aus, der nicht mit den Bären verwandt ist, sondern zusammen mit dem Faultier oder dem Schuppentier zur Familie der »Zahnarmen« gehört, weil er in seinem langen Rüsselmaul keine Zähne hat. Bei anderen Tieren dagegen ist es mit den Namen leicht. Die *Klapperschlange*, die bei Gefahr mit ihrer Hornklapper am Schwanzende rasselt, heißt in fast allen Sprachen so. Auch *Pinguine* heißen in vielen Sprachen so, obwohl ihr Name etwas unsinnig ist. Das Wort *penguin* kommt aus Wales und bedeutet »Weißkopf«. Doch wer sich schon mal einen Pinguin aus der Nähe angeschaut hat, der weiß, dass Pinguine gar keine weißen Köpfe haben! Der Name *penguin* war ursprünglich der Name eines anderen Vogels, nämlich des inzwischen ausgestorbenen *Riesenalks.* Und der hatte tatsächlich einen großen weißen Fleck am Kopf. Als die ersten Pinguine nach Großbritannien kamen, erinnerten sie die Seeleute an den Riesenalk. Die dachten, die Vögel müssten mit dem Alk verwandt sein. Und so kam der Pinguin zu seinem Namen.

Manche Tiernamen dagegen sind nicht nur schlecht gewählt, sie machen überhaupt keinen Sinn. Ein lustiges Beispiel dafür ist der *Vielfraß*. Er ist der größte Marder der Welt und hat die Statur eines kräftigen mittelgroßen Hundes. Vielfraße leben in Nordeuropa. Und in der Sprache der Lappen nennt man sie *Fjellfräs*. Das Wort »Fjell« heißt Berg oder Felsen, und das Wort »Fräs« heißt Katze. Zusammengesetzt bedeutet es also »Felsenkatze«. Die deutschen Forscher, die dem Vielfraß seinen Namen gaben, hatten das Wort aber offensichtlich nicht richtig verstanden. Und wie bei dem Spiel »Stille Post«, bei dem man sich Worte von Ohr zu Ohr flüstert und am Ende etwas ganz anderes dabei herauskommt, wurde aus dem Fjellfräs ein Vielfraß. In England heißt der Vielfraß übrigens ganz anders. Man nennt ihn *wolverine*, weil er die englischen Forscher an einen Wolf erinnerte, obwohl der Vielfraß dem Wolf eigentlich gar nicht ähnlich sieht.

Der Vielfraß ist aber nicht das einzige Tier, dessen

Name auf einem Missverständnis beruht. Ein anderes berühmtes Beispiel ist das *Fingertier*. Es ist ein sehr seltsamer Geselle, der nachts behutsam durch die Regenwälder Madagaskars klettert und mit seinem langen Finger Insekten und Würmer aus der Baumrinde pult. Von allen Tieren sieht es wohl am meisten wie ein Alien aus, ein außerirdisches Lebewesen. In anderen europäischen Sprachen heißt das Fingertier *Aye-Aye*. Lange Zeit war sehr unklar, wie es zu diesem seltsamen Namen kam. Manche alten Bücher behaupteten, der Name käme von den kreischenden Lauten, die das Fingertier bei seinen nächtlichen Streifzügen von sich gibt und die sich anhörten wie »Hay Hay«. Aber die vielen verschiedenen Laute des Fingertiers klingen alle eigentlich überhaupt nicht so. Wahrscheinlicher stammt der Name Aye-Aye ganz woanders her.

Viel überzeugender ist nämlich folgende Geschichte: Als die ersten europäischen Forscher im Jahr 1863 auf der Suche nach unbekannten Tieren durch den Regenwald auf Madagaskar wanderten, da zeigte einer ihrer einheimischen Führer plötzlich ins Geäst und rief »Aiee! Aiee!«. Es war ein Ausruf der Freude und der Überraschung und bedeutete in etwa »Seht her!«. Die Forscher aber dachten, dies sei der Name des Tieres. Und seitdem heißt das Fingertier Aye-Aye.

Eine andere Geschichte besagt, die Einheimischen auf Madagaskar glaubten, das Fingertier besäße magische Kräfte. Das Tier windet nämlich Kränze aus Laub als Schlafnester. Die Bewohner Madagaskars erzählen sich, dass es das nicht nur für sich selbst tut, sondern das Fingertier schöbe sein Schlafnest manchmal auch einem schlafenden Menschen unter den Kopf. Wenn dies passiert, so erzählen sie, bedeutet es, dass der Glückliche in Kürze sehr reich wird. Legt das Fingertier sein Nest jedoch unter die Füße des Schlafenden, so bedeutet dies, dass dieser Mensch von bösen Mächten verhext sei und bald stirbt. Deshalb wollten die Einheimischen den Forschern den Namen des Fingertiers nicht verraten. Und als die Forscher das erste Fingertier zu Gesicht bekamen und fragten, was das denn für ein merkwürdiges Wesen sei, antworteten die Einheimischen: »Heh Heh.« Das bedeutet »Keine Ahnung«. Die Forscher aber hielten dies für den Namen des Tieres. Und weil sie die Worte nur schlecht verstanden, wurde daraus das »Aye-Aye«.

Das Fingertier heißt also eigentlich »Seht mal!« oder »Keine Ahnung«. Aber nicht jeder fremdländische Tier-Name, der sich merkwürdig anhört, beruht auf einer Verwechslung. Der *Emu*, ein australischer Laufvogel, so ähnlich wie der Strauß, bekam seinen Namen, weil die Männchen in der Balzzeit genauso rufen: »Eeemuu.« Und der Teppichhai, der im Berliner Aquarium lebt und eigentlich in den Meeren rund um Australien zuhause ist, wird auch *Wobbegong* genannt. In der Sprache der Aborigines, der Ureinwohner Australiens, bedeutet dies

»struppiger Bart«. Der Name passt sehr gut, wegen der vielen Fransen, die der Wobbegong an seinem Mund hat und mit denen er den Meeresboden nach Beute abtastet.

Unser letzter Blick im Aquarium gehört dem Wobbegong, der fast reglos wie ein Teppich auf dem weißen Korallensand in seinem Riffbecken liegt. Wir haben gelernt, dass alle Tiere ihre Namen vom Menschen haben. Ein bisschen enttäuscht ist Oskar schon. Wäre es nicht schöner, wenn sie einen »eigentlichen« Namen hätten? Einen Namen, der nur ihnen selbst bekannt ist. Wir trösten uns mit der Vorstellung, dass das ja ganz, ganz vielleicht tatsächlich so ist und dass die Fische sich ihre wahren Namen heimlich zuflüstern, wenn die Menschen das Aquarium verlassen haben. Und dann amüsieren sie sich über die vielen falschen Namen, die die Menschen ihnen gegeben haben ...

Dass die Namen der Tiere von Menschen stammen, ist eigentlich noch keine wirkliche philosophische Erkenntnis. Aber es ist immerhin ein erster Schritt zu einer wichtigen Erkenntnis. Denn nicht nur die Tiere, auch alles andere in der Welt hat seinen Namen vom Menschen, formuliert in der Menschensprache. Und die dritte philosophische Einsicht heißt:

Alles, was wir sehen, hören, riechen, anfassen und zu kennen glauben, bekommt von uns Menschen einen Namen. Und so wie wir es nennen, so glauben wir, dass es auch tatsächlich sei.

Aber stimmt das?

= *Warum sind Ratten ohne Namen sympathischer?*

# Im Zoo

*Warum sind Ratten ohne Namen
sympathischer?*

Auf der Rückseite des Aquariums ist der Zoo. Wir treten hinaus ins Helle, vorbei an dem mächtigen alten Dinosaurier, einem Iguanodon aus Stein, der hier Wache hält und finster auf die Zoobesucher schaut. »Iguanodon« heißt eigentlich »Leguan-Zahn«. Und auch dieser Name ist eigentlich ein Unfall oder ein Missverständnis. Als die Forscher vor mehr als hundert Jahren die Knochen des ersten dieser Tiere ausgruben, fanden sie unter anderem zwei harte spitze Dreiecke, jedes davon fast so groß wie eine Menschenhand. »Das können nur Zähne sein«, meinten die Forscher. Und da die Zähne sie an die Zähne des Leguans erinnerten – nur natürlich viel größer –, nannten sie das Tier »Iguanodon«. Erst viel später fand man heraus, dass man sich gründlich geirrt hatte. Die spitzen Dreiecke waren nämlich keine Zähne, sondern die harten Daumen des Dinosauriers. Mit seinen spitzen Daumen wehrte er vermutlich seine Feinde ab und konnte sie ernsthaft verletzen. Seine Zähne waren dagegen klein und stumpf, geeignet dazu, Pflanzen zu zermahlen. Aber da der Name »Iguandon« nun schon mal in all den Büchern stand, behielt man ihn einfach bei.

All das weiß Oskar schon lange, denn er ist ein richtiger Dinosaurier-Experte, der mich auch immer verbessert, wenn ich es wieder nicht so genau weiß wie er. Als wir tiefer in den Zoo gehen, fällt uns auf, wie kurz viele Besucher vor bestimmten Tieren stehen bleiben. Hirsche zum Beispiel erscheinen vielen Zoobesuchern überhaupt nicht spannend, Affen, Seelöwen und Raubkatzen dagegen sehr. Aber woran liegt das eigentlich, dass wir manche Tiere spannender finden als andere? Klar, ein Grund ist das Aussehen: je spektakulärer, größer, putziger oder gefährlicher, umso besser. Besonders beliebt sind vor allem auch die Tiere, die sich viel bewegen und miteinander spielen und toben wie Fischotter oder Erdmännchen. Doch es gibt noch etwas anderes, was darüber entscheidet, ob uns ein Tier sympathisch ist oder nicht ...

Einer der ältesten Zoos befindet sich in London im Regent's Park. Er wurde vor fast 200 Jahren gegründet und ist damit noch etwas älter als der Zoo in Berlin. Manche der alten Tierhäuser sind auch heute noch erhalten. Es gibt sehr seltene Tiere wie zum Beispiel Komodo-Warane, die größten Echsen der Welt. Und in einem alten Tierhaus aus künstlichen Felsen gibt es eine beeindruckende Sammlung von tödlichen Giftschlangen wie grüne und schwarze Mambas und zwei wirklich furchterregende Königskobras.

Vor manchen Tieren bleiben die Besucher gerne lange stehen. Bei anderen hingegen gehen sie oft achtlos vorbei. Die Zoologische Gesellschaft von London wollte es einmal genau wissen, was die Zoobesucher anspricht. Sie machte ein Experiment zu der Frage: Welche Tiere finden Zoobesucher sympathisch, und welche finden sie unsympathisch? Die Angestellten des Londoner Zoos machten dafür über fünfzig Postkarten. Und auf jeder Postkarte war das Foto eines Tieres aus dem Zoo zu sehen. Zum Beispiel ein Affe, ein Bär oder eine Schlange.

Die Zooleute baten die Besucher, die Postkarten zu ordnen. Das Foto mit dem sympathischsten Tier sollte nach ganz oben. Danach sollte das zweitsympathischste Tier kommen und so weiter. Und das unsympathischste Tier sollte ganz nach unten geordnet werden.

Die Besucher, die an diesem schönen Sommertag in den Londoner Zoo strömten, machten gerne bei dem

Spiel mit. Und was wenig überraschend war: Sie waren sich ziemlich einig. Das süße kleine Nagetier zum Beispiel kam auf einen der vordersten Plätze. Der Affe, der ein bisschen lustig, aber auch ein bisschen hässlich aussah, kam in die Mitte. Und die fiese Riesenschlange landete ziemlich weit unten. Es war alles ungefähr so gekommen, wie die Zooleute vermutet hatten.

Am nächsten Tag wiederholten sie das Experiment. Wieder zeigten die Zooleute den Besuchern die Postkarten mit den Tierbildern. Aber dieses Mal gab es einen wichtigen Unterschied. Die Zooleute schrieben unter jedes Foto den Namen des Tieres, denn bei vielen Tieren hatten die Besucher gar nicht genau gewusst, um was für ein Tier es sich handelte. Wer weiß denn schon, wie ein Fingertier aussieht? Oder ein Nachtaffe? Oder eben ein Vielfraß?

Diesmal ordneten die Besucher die Tiere in eine ganz andere Reihenfolge. Das süße Nagetier, das am Vortag auf einen der vorderen Plätze gekommen war, stürzte ganz tief nach unten ab. Denn auf dem Foto stand: »Beutelratte«. Das fanden die meisten Besucher ziemlich fies und eklig. Am Tag zuvor hatten viele Zoobesucher die Ratte süß gefunden. Aber die wussten auch nicht, dass es sich bei dem Tier um eine Ratte handelte. Die Besucher am zweiten Tag, die das Wort »Ratte« auf dem Foto lesen konnten, sahen das Tier mit ganz anderen Augen. Wer findet schon Ratten niedlich? (Vielleicht nur diejenigen, die Ratten als Haustiere halten und deshalb genau wissen, was für zärtliche, anschmiegsame und intelligente Gefährten Ratten sind.)

Auch die Beurteilung der anderen Tiere veränderte sich. Die fiese Riesenschlange, die vorher weit unten stand, in der Nähe der Vogelspinne und dem Warzenschwein, rutschte auf einmal viel weiter nach oben. Auf dem Foto stand nämlich: »Königspython«. Und da die Engländer alles, was mit ihrer Königin und ihrer königlichen Familie zu tun hat, besonders wertvoll und spektakulär finden, fanden sie auch die königliche Schlange gleich viel weniger scheußlich.

Der neue Sieger aber war der Affe, der es vorher nur ins Mittelfeld geschafft hatte. Denn auf dem Foto stand: »Diana-Meerkatze«. Da dachten die Engländer gleich an ihre Lieblingsprinzessin Diana. Die Engländer liebten sie so sehr, dass sie sie die »Königin der Herzen« nannten. Nun ja, und ein Affe, der so hieß wie ihre Lieblingsprinzessin, erschien den englischen Zoobesuchern auf einmal überhaupt nicht mehr hässlich, sondern ganz, ganz edel. Dabei war der Affe gar nicht nach der Prinzessin Diana benannt worden, sondern hieß schon seit über hundert Jahren so. Aber daran dachten die Zoobesucher gar nicht. Stattdessen dachten sie: Eine »Diana-Meerkatze« – was für ein tolles und sympathisches Tier ...

*– Kannst du dir das vorstellen, Oskar, dass es eine ganz große Rolle spielt, wie die Tiere heißen?*

*– Ja, zum Beispiel, ob man »Gaul« sagt oder »Ross«, das hört sich ganz anders an. Beim Gaul denkt man an ein hässliches Pferd und beim Ross an ein edles.*
*– Stimmt. »Der König sitzt auf einem Ross« hört sich anders an als: »Der König sitzt auf einem Gaul.«*
*– Salamander klingt auch schöner als Molch!*
*– Ja, obwohl beides fast das Gleiche ist. Salamander klingt wie ein persischer Prinz, und Molch klingt nach Matsch.*

So überlegten wir eine Weile vor uns hin und schlenderten dabei durch den Zoo. Mit der Zeit fingen wir an zu blödeln und zu reimen. Und am Ende fertigten wir daraus sogar ein kleines Gedicht:

> Der Reiher steht an einem Weiher
> Die Kröte legt Laich in den Teich
> Lebte die Kröte im Weiher
> Legte sie nicht Laich, sondern Eier
> Stünde der Reiher am Teich
> Wär er nicht edel, sondern bleich

Natürlich gilt das, was für Tiernamen gilt, auch für Dinge und für Menschen. Wenn wir ein Wort hören, machen wir uns ganz schnell eine Vorstellung davon.

Jemanden, der Siegfried heißt, stellen wir uns wahrscheinlich blond vor und Mohammed dunkel. Besonders in Büchern und Filmen gibt man sich große Mühe, damit die Bösen auch wirklich böse klingen und die Guten gut. Man stelle sich nur einmal vor, Darth Vader aus »Star Wars« hieße stattdessen Lori oder Johnny. Oder Sauron aus »Der Herr der Ringe« hieße Heinz oder Benjamin. Oder Harry Potter hieße Voldemort und Voldemort hieße Lord Harry.

Namen, so könnte man sagen, »sprechen« zu uns. Deswegen bemühen sich Eltern auch immer darum, ihren Kindern »schöne« Namen zu geben. Das klappt mal gut und mal weniger gut, denn wer weiß schon, welche Namen wir in zwanzig Jahren noch schön finden und welche nicht? Unsere vierte philosophische Einsicht lautet:

**Wie wir die Dinge nennen, beeinflusst, wie wir sie finden und welche Gefühle sie in uns auslösen. Denn aus dem Klang der Worte formen wir Bedeutungen und Sinn.**

Aber sind wir Menschen die Einzigen, die das tun? Machen Tiere das nicht auch? Auch in der Welt der Tiere gibt es Bedeutungen. Und vielleicht gibt es ja auch eine Tiersprache?

= *Wie ist es, ein Flughund zu sein?*

# Im Tierpark

*Wie ist es, ein Flughund zu sein?*

Das Schönste an Berlin aus Oskars Sicht ist es, dass es hier gleich zwei Zoos gibt: den Stadtzoo im Westen und einen großen Landschaftstiergarten im Osten. Der Grund für die beiden Zoos ist, dass Deutschland nach dem Zweiten Weltkrieg geteilt wurde. Der Westen Berlins gehörte zur Bundesrepublik, und der Osten gehörte zur DDR. Weil der Berliner Zoo in der Bundesrepublik lag, beschloss die Regierung der DDR, einen zweiten Zoo im Ostteil der Stadt zu errichten. Und das Ergebnis war spektakulär. Der Tierpark im Osten Berlins ist der größte Stadtzoo der Welt und ohne Zweifel auch einer der schönsten. Besonders beeindruckend ist das gewaltige Alfred-Brehm-Haus für Raubtiere. Aber nicht nur Großkatzen leben hier, sondern es gibt auch eine große Tropenhalle mit bunten Vögeln und – Flughunden. Tagsüber hängen diese merkwürdigen Gesellen meistens an den Blättern der Palmen, die Füße festgekrallt und den Kopf nach unten, eingerollt in ihre Hautflügel. Doch wenn die Abenddämmerung einbricht, fliegen sie mit langsamem schwerem Flügelschlag wie kleine Draculas in der Halle umher.

- *Oskar, erinnerst du dich noch, wie ich dir erzählt habe, dass ich Flughunde gefangen habe?*
- *Ja, auf den Philippinen mit der Mama.*
- *Auf einer Forschungsstation auf der Insel Panay. Die Forscher haben ein Netz gespannt in der Abenddämmerung auf einer Waldlichtung. Und nachts haben wir die Flughunde aus dem Netz befreit. Und die Forscher haben sie dann untersucht.*
- *Waren die lieb, die Flughunde?*
- *Manche schon, die sahen aus wie kleine Stofftiere. Aber andere waren wirklich richtige Draculas. Besonders die kleinen Schwarzen. Die haben geschrien und gebissen mit ihren großen Eckzähnen.*
- *Aber Flughunde essen doch gar kein Fleisch ...?*
- *Nein, die Eckzähne brauchen sie, um Früchte aufzuknacken. Aber was ich eigentlich von dir*

*wissen will: Kannst du dir vorstellen, wie es ist, ein Flughund zu sein?*
- *Ich weiß nicht ...*
- *Wenn du deine Dinosaurier-Filme guckst, dann spielst du nachher oft Dinosaurier, oder?*
- *Ja.*
- *Das heißt, du versetzt dich sozusagen in einen Dinosaurier hinein. Du gehst vornübergebeugt und brüllst wie die Dinosaurier im Film. Könntest du dir das Gleiche auch mit einem Flughund vorstellen?*
- *Fliegen schon, Papa. Aber mit den Füßen nach oben an einem Ast zu hängen ... Ich weiß nicht. Eigentlich nicht. Dann wäre alles auf dem Kopf. Und Papa, orientieren sich Flughunde eigentlich auch mit Echo, so wie die Fledermäuse?*
- *Die meisten nicht. Nur eine besondere Gruppe: die Rosettenflughunde. Sie erzeugen ihre Echos dadurch, dass sie Klick-Geräusche machen mit der Zunge. Ungefähr so wie Schnalzen. Alle anderen Flughunde aber brauchen keine Echo-Ortung. Sie haben hervorragende Augen und können außerdem phantastisch gut riechen. Eine reife Frucht riechen sie viele Kilometer weit. Kannst du dir das vorstellen, so gut riechen zu können?*
- *Nein, Papa, natürlich nicht.*

– *Tja, siehst du, da haben wir wieder das Problem. Vieles von dem, was Tiere können, können wir uns kaum oder gar nicht vorstellen. Weißt du eigentlich, dass das eine ganz berühmte Frage der Philosophie ist? Der amerikanische Philosoph Thomas Nagel hat sie gestellt – da war ich zehn Jahre alt –, und sein Aufsatz heißt tatsächlich: »Wie es ist, eine Fledermaus zu sein.«*

Im Jahr 1974 veröffentlichte Thomas Nagel, heute Professor in New York, seinen Aufsatz mit dem Titel: *Wie es ist, eine Fledermaus zu sein.* Nagel war allerdings kein Tierforscher, sondern Philosoph. Er wollte nicht ganz genau zeigen, wie Fledermäuse leben, was sie fressen, wie sie sich vermehren und wie sie ihre Echo-Ortung einsetzen. Er wollte wissen, wie es sich *anfühlt*, eine Fledermaus zu sein. Was geht im Kopf von Fledermäusen vor sich? Sind sie manchmal glücklich oder traurig? Haben Fledermäuse Wünsche? Haben sie Ängste? Kommen sie auf Ideen? Freuen sich Fledermäuse über irgendetwas? Haben sie Stimmungen? Kann eine Fledermaus schlecht gelaunt sein?

Auf jeden Fall haben auch Fledermäuse Erlebnisse. Aber welche? Fledermäuse sind Säugetiere wie wir Menschen auch. Sie sind nicht so weit von uns entfernt wie Frösche, Spinnen oder Ameisen. Aber können wir uns deshalb vorstellen, wie eine Fledermaus die Welt erlebt?

Nun, natürlich können wir uns vorstellen, wie man selbst sich fühlen würde, wenn man mit verbundenen Augen und einem Echo-Ortungssystem durch die Nacht fliegen und Insekten jagen würde. Wir können uns das ausmalen, auch wenn das sicher ganz schön schwierig ist. Doch was käme am Ende dabei heraus? – Dass wir eine ungefähre Vorstellung davon hätten, wie es sich für einen *Menschen* anfühlt, eine Fledermaus zu sein. Aber wissen wir deshalb irgendetwas darüber, wie es sich für eine *Fledermaus* anfühlt, eine Fledermaus zu sein?

Für Menschen fühlt es sich bestimmt sehr komisch an, schnell im Zickzack zu fliegen, ohne dabei etwas zu sehen. Denn normalerweise tun wir so etwas nicht. Wir gehen eher langsam und mit offenen Augen. Aber für die Fledermaus fühlt sich das Zickzackfliegen sicher ganz normal an und gar nicht komisch. Mücken und Nachtfalter zu essen finden wir gar nicht lecker – die Fledermaus aber isst wahrscheinlich gerne Insekten. Zumindest können wir annehmen, dass sie sich davor nicht ekelt.

Eine Fledermaus zu sein ist also für Menschen etwas ganz anderes als für eine Fledermaus. Wie es für die Fledermaus ist, eine Fledermaus zu sein, wissen wir nicht. Und Fledermäuse können es sich sicher auch überhaupt nicht vorstellen, wie es ist, ein Mensch zu sein. Zu gehen und das mit offenen Augen! Eine Fledermaus kann zum Beispiel keine Farben sehen. Wie soll sie sich da vorstellen können, wie es ist, Farben sehen zu können?

Wir stehen also vor einem Rätsel. Wir haben überhaupt keine Vorstellung davon, wie es ist, eine Fledermaus zu sein. Aber wir können ziemlich sicher sein, dass es sich für die Fledermaus *irgendwie* anfühlt, sie selbst zu sein. Aber wie genau – das bleibt für uns Menschen für immer ein Geheimnis!

– *Meinst du, Oskar, Fledermäuse wissen, wer sie sind?*
– *Da muss ich erst einmal nachdenken. Hmmmh, ich glaube nicht, dass 'ne Fledermaus so schlau ist wie ein Affe.*
– *Menschen können über Dinge nachdenken, die sie sehen und hören ...*
– *Also, ein Mensch kann über einen Elefanten nachdenken.*
– *Menschen können aber auch über Sachen nachdenken, die man nicht sehen oder hören kann. Zum Beispiel kannst du darüber nachdenken, wie du dich heute im Tierpark gefühlt hast.*
– *Ja, das kann ich, Papa.*
– *Du kannst über Sachen nachdenken, die früher waren. Oder über Sachen, die erst in der Zukunft sein werden.*

– *Über meinen Geburtstag zum Beispiel. Und was ich da mache ...*
– *Genau. Aber du kannst auch über Sachen nachdenken, die es gar nicht gibt oder geben wird.*
– *Meinen tausendsten Geburtstag zum Beispiel.*
– *Das kannst du ...?*
– *Also, zum Beispiel: Nur alte Gäste, und dann gibt es ein Essen, das es nicht gibt. Und die Welt sieht schon ganz anders aus ...*
– *So etwas denkst du dir aus?*
– *Ja, Papa, das mache ich abends im Bett, wenn ich nicht einschlafen kann.*
– *Und Flughunde tun dies sehr wahrscheinlich nicht. In ihrer Welt gibt es sicher keine Geburtstage mit alten Gästen. Erinnere dich mal an die Tamandua-Rüsselfische. Sie verständigen sich untereinander mit elektrischen Wellen. Knatter, Summ, Sirr ... Aber was sie dabei fühlen und denken, werden wir wahrscheinlich nie wissen. Aber für die Flughunde ist es umgekehrt natürlich genauso unmöglich zu wissen, was in den Köpfen von Menschen vor sich geht ...*
– *Da haben sie bestimmt keine Ahnung.*
– *Nein, bestimmt nicht. Ich bin auch ziemlich sicher, dass Flughunde auf etwas ganz anderes konzentriert sind als auf die Frage, was wir von ihnen halten. Wie man denkt, ist nämlich*

*vor allen Dingen eine Frage, worauf man konzentriert ist. Flughunde interessieren sich zum Beispiel dafür, wo es im Umkreis von vielen Kilometern Obst gibt. Interessiert dich das auch so ...?*

– *Nun ja, Melonen vielleicht. Oder Erdbeeren. Aber nein, Papa, ich denke meistens an etwas anderes.*
– *Ich zum Beispiel denke gerade daran, dass wir jetzt langsam mal nach Hause müssen. Wir haben ja noch einen weiten Weg vor uns. Und deswegen denke ich jetzt an die U-Bahn und nicht an Obst.*

Unsere fünfte philosophische Einsicht lautet:

**Jedes Tier denkt so, wie sein Gehirn es ihm erlaubt. Wer gut riechen kann, für den sind Gerüche wichtig, und wer gut sehen kann, der begreift seine Welt mit den Augen. Es gibt »Menschendinge«, und es gibt »Flughunddinge«. Was andere Lebewesen fühlen und denken, können wir nur ahnen, aber nicht wissen.**

Manchmal glauben wir Menschen, dass wir alles wüssten und so unendlich viel schlauer sind als die Tiere. Aber so perfekt, wie wir glauben, sind wir überhaupt nicht. Vieles, was Tiere erleben, können wir gar nicht wahrnehmen. Und außerdem ist es auch mit unserem Menschengehirn so, dass wir nicht immer an alles auf einmal denken können. Wir denken nämlich immer nur an etwas Bestimmtes und an anderes nicht ...

= *Warum können Gorillas unsichtbar sein?*

# In der U-Bahn

*Warum können Gorillas unsichtbar sein?*

Wenn man aus dem Tierpark kommt, ist das immer ein merkwürdiges Gefühl. Der Park ist so groß, dass man völlig in eine andere Welt abtaucht. Aber wenn man durch den Ausgang am »Bärenschaufenster« wieder hinausgeht, dann sieht die Welt wieder ganz anders aus. Eine laute mehrspurige Straße mit sehr vielen Autos empfängt einen mit ihrem Krach. Und rundherum stehen die kalten grauen Plattenbau-Hochhäuser von Friedrichsfelde.

Schnell gehen Oskar und ich in die U-Bahnstation und durch den langen Tunnel zum Bahnsteig. Ein paar Mosaike mit Tieren in den Fliesen des Tunnels erinnern noch an unseren Tierpark-Besuch. Doch die stärkeren Bilder sind die Bilder, die in unseren Köpfen sind. Wenn Oskar viel erlebt hat, braucht er anschließend immer eine längere Zeit, um all das Gesehene zu verarbeiten. Verträumt sitzt er auf der Bank. Und als die U-Bahn einfährt, trottet er fast mechanisch neben mir ins Abteil. Eine ganze Weile sitzen wir schweigend da, während die U-Bahn unter der langen Frankfurter Allee und später dann unter der Karl-Marx-Allee durchfährt. Rathaus Lichtenberg, Magdalenenstraße, Weberwiese ... die Strecke zieht sich fast eine halbe Stunde. Und Oskar hockt die ganze Zeit neben mir in der U-Bahn, abgetaucht, voller Eindrücke und nahezu unansprechbar.

Als wir am Hackeschen Markt aussteigen, frage ich ihn:

- *Hast du den Mann mit dem Fahrrad gesehen, der mit uns im Abteil war?*
- *Hä?*
- *Ich meine den Mann mit dem roten Hemd und dem Fahrrad.*
- *Nein, Papa.*
- *Wie viele Menschen waren denn mit uns im Abteil?*
- *Keine Ahnung.*
- *Gut. Vielleicht ist das die falsche Frage. Kannst du mir die Namen der Stationen sagen, an denen wir angehalten haben?*

- *Äh, nein.*
- *Wenigstens eine?*
- *Nein, keine.*
- *Aber wenn ich dir gesagt hätte, du sollst dir die Leute merken, die zu uns in den Wagen kommen, dann hättest du dir den Mann mit dem Fahrrad gemerkt.*
- *Bestimmt, Papa.*
- *Und wenn ich gesagt hätte, versuch doch mal, dir die Stationen zu merken, dann würden dir jetzt welche einfallen?*
- *Ja, bestimmt. Mindestens zwei oder drei. Vielleicht auch noch mehr.*
- *Aber da ich das nicht gesagt habe, kannst du dich an ganz vieles nicht mehr erinnern. Und das, obwohl du die Leute im Abteil gesehen hast und die Namen der Stationen gehört hast ...*
- *Ja, aber ich habe sie mir nicht gemerkt. Sie sind mir nicht aufgefallen.*
- *Das stimmt. Was einem nicht auffällt, das merkt man sich auch nicht. Obwohl man es gesehen und gehört hat. Dein Gehirn hat sie sogar fest gespeichert. Dein Gehirn speichert nämlich alles, was du siehst, hörst, riechst, schmeckst und anfühlst. Aber du kommst nicht heran. Du kannst es dir vorstellen wie eine Schublade, die man nicht aufkriegt. Die Sachen sind drin, aber man*

*kann nicht darauf zugreifen. Das liegt tatsächlich an deiner Aufmerksamkeit. Weißt du eigentlich, dass manchmal die verrücktesten Sachen passieren können, ohne dass man es merkt?*

Ist unsere Aufmerksamkeit auf eine bestimmte Sache konzentriert, dann kann es passieren, dass unser Gehirn gar nichts anderes mitbekommt. Dabei können um uns herum völlig abstruse Dinge geschehen. Ein berühmtes Beispiel dafür ist das Experiment zweier amerikanischer Forscher vor etwa zehn Jahren. Sie versammelten viele Zuschauer in einem Raum. Dann zeigten sie ihnen einen Film. In dem Film konnte man sehen, wie zwei Mannschaften Ball spielten. Die eine Mannschaft war in weiße Trikots gekleidet und die andere Mannschaft in schwarze Trikots. Beide Mannschaften warfen sich den Ball in den eigenen Reihen zu, wobei der Ball immer einmal auf dem Boden aufsprang, etwa so, wie man sich den Ball beim Basketball zuspielt. Die Forscher forderten die Zuschauer auf zu zählen, wie oft der Ball innerhalb der weißen Mannschaft aufspringt. Besonders schwer war das nicht. Die Leute konzentrierten sich immer auf den Ball und zählten mit: Eins, zwei, drei, vier, fünf ... Als der Film zu Ende war, fragten die Forscher die Zuschauer, wie oft der Ball aufgesprungen war. Und da die Leute sich gut konzentriert hatten, nannten sie fast alle die richtige Zahl.

Die Zuschauer waren sehr stolz, dass sie alles richtig gemacht hatten. Aber die Forscher stellten ihnen noch eine andere Frage: Ist euch während des Zählens noch irgendetwas Besonderes aufgefallen? Die meisten Leute schüttelten den Kopf. Etwas Besonderes aufgefallen? Nein, wieso? Was war denn da Besonderes? Sie hatten zwei Mannschaften gesehen, eine schwarze und eine weiße und einen Ball, der zwischen den Spielern aufsprang. Mehr nicht.

Da ermunterten die Forscher die Leute, sich den Film ein zweites Mal anzuschauen. Aber dieses Mal sollten sie nicht zählen, wie oft der Ball aufspringt. Sie sollten sich stattdessen ganz entspannt auf den Film konzentrieren. Plötzlich schrien die Zuschauer auf. Auf dem Spielfeld zwischen den Mannschaften irrte auf einmal ein Gorilla herum! Der Gorilla schlappte in die Mitte des Spielfeldes und trommelte sich auf die Brust. Natürlich war es kein echter Gorilla, sondern eine Frau in einem Gorillakostüm. Aber das Verblüffende war doch, dass es der gleiche Film war wie vorher. Und beim ersten Sehen, als jeder auf das Zählen konzentriert war, hatte kaum einer den Gorilla gesehen!

Die Forscher machten nun noch einen zweiten Versuch. Dafür suchten sie neue Zuschauer. Sie gaben ihnen den gleichen Auftrag wie der Gruppe zuvor: Ihr müsst zählen, wie oft der Ball aufspringt! Die Leute in der zweiten Gruppe sollten sich aber auf den Ball in dem Team mit den schwarzen Trikots konzentrieren. Und dieses Mal war das Ergebnis ein anderes. Nur ein Drittel der Zuschauer übersah den Gorilla. Die verkleidete Frau sprang den Zuschauern der schwarzen Mannschaft deshalb eher ins Auge, weil das Gorillakostüm auch schwarz war. Die Zuschauer aus der ersten Gruppe aber hatten sich auf den Ball und alles, was weiß war, konzentriert und hatten den schwarzen Gorilla glatt übersehen.

- *Kannst du dir das vorstellen, Oskar, dass man etwas so Spektakuläres wie einen Gorilla glatt übersehen kann?*
- *Nicht so richtig.*
- *Weißt du, woran das liegt? Stell dir mal ein Auto vor, das nachts über eine Landstraße fährt. Wohin der Autoscheinwerfer fällt, das wird ganz hell. Aber der Rest bleibt im Dunkeln. So ähnlich ist es mit unserer Aufmerksamkeit. Der Mann mit dem Fahrrad vorhin ist zum Beispiel im Dunkeln geblieben. Oder auch die Schilder der Bahnstationen.*
- *Ich habe an was anderes gedacht. An den Tierpark und so.*
- *Und weißt du noch, wie wir im Sommer im Urlaub waren und hatten so einen Riesenhunger ...*
- *Wir sind fast umgefallen vor Hunger. Mir war richtig schlecht.*

– *Also haben wir uns nur darauf konzentriert, etwas zu Essen zu finden. Oder hast du dir etwa gemerkt, an wie vielen Ampeln wir vorbeigekommen sind?*
– *Nein. Für uns war das nicht wichtig.*
– *Eben. Je stärker man sich dabei auf eine bestimmte Sache konzentriert, umso weniger bekommt man von anderen Dingen mit. Es wird aber trotzdem von deinem Gehirn gespeichert – nur quasi unsichtbar. Unser Gehirn teilt unsere Erlebnisse nämlich ein. Sozusagen in zwei Schubladen: in das Bewusste und in das Unbewusste. Das Erste sind Sachen, die man sich mit Absicht merkt. Und in der zweiten Schublade sind die Sachen, die man mitkriegt, ohne es zu merken. Das ist bei allen normalen Menschen so. Außer ...*
– *Außer?*
– *Erinnerst du dich, dass ich dir mal von den Menschen erzählt habe, die »verrückt schlau« sind?*
– *Ja, von dem Mann aus Los Angeles, der sich alles merken kann, was er sieht. Der mit dem Hubschrauber geflogen ist ...*
– *Genau. Die Geschichte von Stephen Wiltshire. Er ist mit dem Hubschrauber eine Stunde über Rom geflogen, eine Stadt, in der er noch nie war. Und anschließend hatte er eine Woche Zeit, alles*

*zu zeichnen, was er während des Fluges gesehen hat. Er hat ein Bild der Stadt Rom gemalt, wie man sie aus der Luft sieht. Tausende von Häusern. Und alles stimmte haargenau. Sogar die Zahl der Fenster in jedem Haus und jeder Baum und jede Ampel.*
- *Der ist verrückt schlau, Papa.*
- *Ja, der ist so verrückt schlau, dass er immer eine sehr dunkle Sonnenbrille anziehen muss, damit er nicht zu viel sieht und Kopfschmerzen bekommt. Außerdem läuft er immer mit einem I-Pod herum und hört Musik, damit er nicht zu viele Geräusche mitbekommt.*
- *Ich möchte nicht verrückt schlau sein, Papa ... Dann merkt man sich alle schrecklichen Dinge. Man kann gar nicht mehr richtig neu in die Welt rein.*
- *Nein, ich möchte auch nicht verrückt schlau sein. Und das sind wir ja auch nicht. Wer verrückt schlau ist, der kann das Wichtige auch gar nicht mehr vom Unwichtigen unterscheiden, weil er sich ja einfach alles merkt. Und alles ist gleich wichtig.*
- *Dann kann man sich gar nicht mehr unterhalten.*
- *Das stimmt, Oskar. Deswegen ist es gut, dass das allermeiste, was dein Gehirn und mein Gehirn speichern, sofort in die Schublade wandert,*

*die fest verschlossen ist. Allerdings passiert es manchmal, dass einem plötzlich etwas einfällt, das man zuvor völlig vergessen hatte. Ist dir das auch schon mal passiert?*
– *Ja, das mit dem EHEC-Erreger.*
– *Daran erinnerst du dich?*
– *Da ist mir plötzlich mitten im Gespräch eingefallen, dass es doch mal dieses EHEC gab ...*
– *Ja, das ist ein schönes Beispiel. Manchmal schießt einem etwas in den Kopf, was man eigentlich gar nicht mehr richtig drinhatte.*

Ich glaube, jetzt sind wir so weit und können unsere sechste philosophische Einsicht aufschreiben:

**Der Mensch ist ein Tier mit einer begrenzten Aufmerksamkeit. Unser Gehirn speichert das Bewusste, und es speichert das Unbewusste. Während wir uns an das Bewusste oft gut erinnern können, kommen wir an das Unbewusste meist nicht heran.**

Inzwischen sind wir zu Hause angekommen. Bevor ich aufschließe, lasse ich Oskar noch einen Blick auf das Klingelschild werfen, auf dem PRECHT steht.

– *Wer wohnt hier, Oskar?*
– *Wir, Papa.*

- *Wer ist »Wir«?*
- *Du und ich.*
- *Und woher weißt du, Oskar, wer ich ist? Kennst du dieses »ich«? Oder fühlst du nur irgendwie, dass du »ich« bist?*

= *Wer ist »Ich«?*

# Im Technikmusuem

*Wer ist »Ich?«*

Das Deutsche Technikmuseum ist ein gewaltiges Gebäude in Berlin-Schöneberg. Früher war hier ein Güterbahnhof. Die Schienen sind noch zu sehen, und zwischen dem alten Kopfsteinpflaster wachsen überall Pflanzen. Im Hauptgebäude hängen Flugzeuge an der Decke, man kann ausrangierte Lokomotiven besichtigen und alte Schiffe.

Eine ganz besondere Attraktion ist das Science Center Spectrum in einem der Nebengebäude. Hier werden komplizierte Dinge erklärt wie Strom oder Magnetismus. Zu alledem gibt es Experimentierstationen, bei denen man selbst seine Erfahrungen machen kann. Besonders spannend ist dies in der Abteilung »Wahrnehmen und Sehen«. Hier findet man auch Oskars Lieblingsraum, das so genannte »Hexenhaus«. Es besteht aus einem geschlossenen Raum, einer Küche, in der man sich auf eine Bank setzt. Plötzlich fängt das Haus an sich zu drehen. Man sieht, wie sich die Wände bewegen und der Fußboden unter einem verschwindet. Obwohl die Bank, auf der man sitzt, sich nicht mit bewegt, hat man ständig das Gefühl, ins Bodenlose zu fallen. Oskar amüsiert sich im »Hexenhaus« prächtig, vor allem, weil ich mich darin viel unwohler fühle als er.

Was die Experimente zum Thema »Wahrnehmen und Sehen« zeigen, ist, dass vieles gar nicht das ist, was es zu sein scheint. Manchmal nämlich vermitteln uns unsere Augen ein Bild von der Welt, das gar nicht mit dem übereinstimmt, was die Forscher sehen. So denkt man zum Beispiel, dass der Himmel blau ist, obwohl das nicht stimmt. Und im »Hexenhaus« glaubt man, die Bank würde nach vorn oder hinten kippen – und auch das stimmt nicht. So wie unsere Aufmerksamkeit immer nur auf einen Teil der Wirklichkeit fällt, so sehen unsere Augen auch immer nur einen Teil der Welt. Und manchmal lassen sie sich dabei täuschen.

Unsere Gehirne sind nun mal die Gehirne von Affen. Allerdings, zugegeben, von sehr schlauen Affen. Deshalb können wir sehen, hören, riechen und schmecken wie Affen. Wären unsere nächsten Verwandten Haie, so könnten wir alle die vielen elektromagnetischen Strahlungen spüren, von denen wir umgeben sind. Aber das können wir nicht. Wir sehen auch kein ultraviolettes Licht wie viele Vögel. Ein Bär kann kilometerweit riechen. Eine Eule kann aus hundert Metern Höhe eine Maus unter der Schneedecke krabbeln hören. Und eine Schlange kann die Körperwärme eines weit entfernten Tieres spüren. All dies können wir nicht. Und trotzdem gibt es etwas, was Menschen besser können als all die anderen Tiere. Sie können sich nämlich Dinge ausdenken, die es gar nicht gibt. Oder über Dinge nachdenken, die vielleicht in hundert Jahren passieren könnten. Oder über Dinge nachdenken, von denen uns jemand erzählt hat und die vor ganz langer Zeit passiert sind. Wir wissen zwar nicht, wie es ist, ein Flughund zu sein, aber es ist doch sehr wahrscheinlich, dass Flughunde sehr viel weniger Phantasie haben als Menschen. Wahrscheinlich ist der Mensch das Tier mit der größten Vorstellungskraft. Und die wichtigste aller Vorstellungen, die Menschen sich machen, ist das Bild von sich selbst – das »Ich«.

Aber wie kommt es, dass Menschen sich ein solches Bild von sich selbst machen? Was ist das – ein »Ich«? Im Science Center gibt es gleich nach dem Eintritt zwei große Spiegel, in denen sich das Spiegelbild ständig verzerrt. Wenn der Spiegel sich wölbt, wird der Betrachter entweder klein und dick, oder er bekommt riesige Füße und unendlich lange Arme. Trotzdem erkennen wir uns im Spiegel wieder, selbst dann, wenn wir auf einmal völlig verzerrt aussehen. Wir wissen genau: So sehe ich zwar in Wirklichkeit nicht aus, aber klar: Das bin ich! Ob die anderen Tiere das auch können?

Seit ungefähr vierzig Jahren machen Forscher mit Tieren den so genannten Spiegeltest. Man setzt ein Tier vor einen Spiegel und versucht herauszufinden, ob es sich selbst erkennt. Sieht ein Hund in einem Spiegel sich selbst – oder sieht er einen fremden Hund? Doch wie kann man das herausfinden, da wir ja nicht wissen, was im Kopf des Hundes vor sich geht?

Normalerweise benutzen die Forscher dabei einen Trick. Sie malen dem Tier einfach einen roten Punkt auf die Stirn oder auf die Brust. Und dann schaut man, ob das Tier sich an den eigenen roten Punkt fasst oder ob es sich für den roten Punkt im Spiegelbild interessiert. Bei kleinen Menschenkindern findet dieser Wechsel im zweiten Lebensjahr statt. Ein einjähriges Kind kann noch nicht erkennen, dass der rote Punkt an seiner Stirn im eigenen Gesicht ist. Es glaubt, es sieht ein fremdes Kind mit einem roten Punkt auf der Stirn. Es kommt noch nicht auf die Idee, sich an die eigene Stirn zu fassen. Ein zweijähriges Kind dagegen erkennt sich bereits selbst im Spiegel und fasst an den roten Punkt auf der eigenen Stirn. Es versucht dann zum Beispiel den Fleck wegzuwischen.

Und wie reagieren Tiere? Nun, die allermeisten Tiere erkennen sich nicht. Ein Hund bellt im Spiegelbild einen fremden Hund an, um mit ihm zu spielen oder ihn zu verjagen. Und auch Katzen erkennen sich nicht im Spiegel. Doch einige Tiere gibt es, die sich ebenso erkennen können wie wir Menschen. Im Zoo von New York ließen die Zooleute Elefanten in einen Spiegel schauen. Zunächst tasteten die Tiere mit dem Rüssel nach ihrem Spiegelbild, aber nach einiger Zeit erkannte der erste der Elefanten sich selbst. Er entdeckte den Punkt auf der Stirn des Elefanten im Spiegel und tastete sich mit dem Rüssel schließlich an die eigene Stirn. Auch Rabenvögel, wie zum Beispiel Elstern, erkennen sich im Spiegel. Man malte ihnen heimlich einen Fleck auf die weiße Brust auf und stellte ihnen einen Spiegel in die Voliere. Entdeckten die Elstern im Spiegel den Fleck, so interessierten sie sich sofort für den Fleck auf der eigenen Brust. Dem Spiegelbild aber schenkten sie kaum Beachtung.

Auch Delfine erkennen sich offensichtlich selbst im Spiegel. Betrachten sie ihr eigenes Spiegelbild, so fangen sie an Grimassen zu schneiden und Faxen zu machen. So wie es auch Kinder (und auch manche Erwachsene!) gerne vor dem Spiegel tun.

Und unsere nächsten Verwandten, die Affen? Bei Kapuzineräffchen sind sich die Forscher nicht ganz sicher. Mal scheinen sie sich zu erkennen, mal nicht. Auch bei Rhesusaffen ist die Lage unklar. Bis vor kurzem hieß es, dass sie sich nicht im Spiegel erkennen können. Malte man ihnen heimlich einen roten Fleck auf die Stirn und hielt ihnen einen Spiegel vor die Nase, so reagierten sie eigentlich kaum darauf. Erst vor kurzem aber machten Forscher ein anderes Experiment. Sie setzten den Affen Kopfhörer auf. Wieder ließen sie die Tiere in den Spiegel schauen. Und siehe da – dieses Mal interessierten sich die Affen dafür und fassten sich auch gleich an den eigenen Kopf.

Ganz sicher sind sich die Forscher dagegen bei Orang-Utans, Bonobos (das sind Zwergschimpansen) und Schimpansen. Sie erkennen sich ganz ohne Zweifel im Spiegel. Schauen sie auf ihr Spiegelbild, so machen sie Faxen genau wie Menschenkinder und haben dabei auch genauso viel Spaß.

Ein ganz besonderer Fall dagegen sind die Gorillas. Nach den Schimpansen und den Bonobos sind sie unsere nächsten Verwandten. Sie sind auch entsprechend intelligent. Aber die meisten Forscher behaupten trotzdem: Gorillas erkennen sich nicht im Spiegel!

Wie ist das möglich, wo sie doch so schlau sind? Nun, vielleicht erkennen Gorillas sich tatsächlich nicht im Spiegel. Es könnte aber auch ganz anders sein. Forscher, die Gorillas lange Zeit beobachten, stellen fest, dass diese Tiere sich gegenseitig so gut wie nie anschauen. Und sehen sie sich zufällig mal in die Augen, schauen sie schnell wieder weg. Die Forscher vermuten, dass die Gorillas damit versuchen, Streit zu vermeiden. Gorillas sind nämlich viel friedlicher als Schimpansen. Sie schneiden kaum Grimassen und reagieren auch nicht auf die Gesichtsausdrücke anderer Gorillas. Kurz gesagt: Sie tun alles, um sich nicht zu nahe zu kommen, und versuchen dadurch jedem Konflikt aus dem Weg zu gehen.

Wenn einem Gorilla sein Spiegelbild offensichtlich egal ist, dann liegt das wahrscheinlich daran, dass er gar nicht darin geübt ist, auf ein anderes Gorilla-Gesicht zu reagieren. Und damit auch nicht auf sein eigenes. Und das heißt: Wir wissen gar nicht, ob sich Gorillas im Spiegel erkennen. Das Einzige, was wir wissen ist, dass der Test ihnen egal ist. Oder vielleicht ist er ihnen sogar ein bisschen peinlich und unangenehm.

- *Guckst du dich gerne im Spiegel an, Oskar?*
- *Ja, ich mache gerne Fratzen. Und dumme Gesichter ...*
- *Kannst du dich im Spiegel selbst erkennen, Oskar?*
- *Natürlich, Papa.*
- *Ja, für Menschen ist das natürlich. Aber warum?*

- *Weil Menschen über sich selbst nachdenken können.*
- *Das stimmt. Aber um über sich selbst nachdenken zu können, muss man da nicht bereits vorher wissen, wer man selbst ist. Also, dass es überhaupt ein »man selbst« gibt?*
- *Das verstehe ich nicht, Papa. Das ist schwierig.*
- *Och, das ist eigentlich gar nicht so schwierig. Wenn ich dich jetzt frage: Wer bist du? Was antwortest du dann?*
- *Ich bin ich.*
- *Ja, aber woher weißt du, wer du bist?*
- (Oskar zögert). *Das fällt mir so ganz schnell nicht ein.*
- *Obwohl du ganz genau weißt, dass du du bist, fällt dir die Antwort schwer? Ist das nicht merkwürdig? Ich mache mal einen Vorschlag. Ich würde sagen, ich weiß, wer ich bin, weil ich bestimmte Gefühle habe und weiß, dass das meine Gefühle sind, weil kein anderer sie genauso hat im gleichen Moment. Ist das nicht auch bei dir so? Du bist der, dem deine Gefühle gehören?*
- *Bei mir sind es, glaube ich, die Gedanken.*
- *Was meinst du damit, Oskar?*
- *Ich denke an was Bestimmtes, was gerade kein anderer denkt. Ich baue mir eine Welt im Kopf, die kein anderer kennt.*

– *Und wer hat das gemacht?*
– *Ich!*

Wir Menschen wissen, wer wir sind, weil unsere Gefühle, Gedanken und Erinnerungen eine Art Zentrum haben – eben unser »Ich«. Und weil wir wissen, dass wir »Ich« sind, können wir unglaubliche Dinge tun. Zum Beispiel können wir uns auch dann selbst erkennen, wenn wir verkleidet sind und sagen wir zum Beispiel eine Gorillamaske aufhaben. Wir erkennen uns in Zerrspiegeln. Wir erkennen uns auf lange zurückliegenden Kinderfotos, ja sogar auf dem Ultraschallbild von uns selbst im Bauch unserer Mamas. Da sind wir nur wenige Zentimeter groß, aber wir wissen ganz genau – das bin ich! Selbst ein Röntgenbild unserer Knochen halten wir für ein Bild von uns selbst – obwohl wir uns in echt gar nicht darauf erkennen können. Ein Arzt könnte das Bild austauschen, ohne dass wir es merken würden. Das Ich ist also gar nicht so sehr ein Erkennen von Ähnlichkeiten. Ganz viel von unserem Ich hängt damit zusammen, was wir über uns selbst gehört haben. Und was wir über uns selbst wissen.

Unsere siebte philosophische Weisheit lautet:

Alle Menschen, die keine schwere geistige Krankheit oder Störung haben, sagen zu sich »Ich«. Aber es ist gar nicht so leicht zu sagen, was dieses Ich überhaupt ist.

Denn ...

= *Bin ich wirklich ich?*

# Im Irrgarten in Marzahn

*Bin ich wirklich ich?*

Heute machen wir einen Ausflug nach Marzahn. Viele Menschen, die noch nie in Marzahn waren, meinen, dass es hier einfach nur furchtbar ist. Sie denken an Hochhäuser, Beton, Armut und Kriminalität. In Wirklichkeit aber ist Marzahn ein Stadtteil mit vielen Gesichtern. Hier gibt es nicht nur die Straße mit dem vielleicht schönsten Namen in ganz Berlin: die »Allee der Kosmonauten«. Es gibt auch ein kleines Dorf, das alte Marzahn. Und es gibt einen riesigen Erholungspark. In diesem Park liegen die »Gärten der Welt«. Sie bestehen aus einem chinesischen Garten, einem japanischen, einem koreanischen, einem burmesischen, einem orientalischen und einem Renaissance-Garten. Alle sind wunderschön und nach allen Regeln der Gartenkunst zu Oasen der Stille gestaltet. Da ist es schon ein merkwürdiges Gefühl zu wissen, dass man mitten in einer städtischen Hochhauslandschaft ist, wenn man versunken an einem chinesischen Tempel steht, der sich im Wasser spiegelt. Oder man geht durch ein koreanisches Landhaus aus dem 15. Jahrhundert, einen »Hof der Stille«, und fühlt sich in eine völlig andere Zeit an einen anderen Ort versetzt. Gleich muss ein weiser alter Philosoph um die Ecke kommen, mit einem geflochtenen Zopf in einem weißen Kimono ...

Der Höhepunkt für Oskar aber ist der große Irrgarten inmitten des Parks. Er sieht ganz genauso aus wie der berühmte Irrgarten des berüchtigten englischen Königs Heinrich VIII. in dessen Schloss Hampton Court in der Nähe von London. Mitten im Irrgarten stelle ich ihm eine Frage:

- *Sag mal, Oskar, wenn dir jetzt hinter der nächsten Hecke ein Junge begegnen würde, der ganz genauso aussieht wie du, wie würdest du reagieren?*
- *Ich würde ihn fragen, wie er heißt.*
- *Und er sagt: Oskar Jonathan Precht. Wie fändest du das? Wäre das eine schöne Vorstellung?*
- *Eine gruselige!*

- *Und warum?*
- *Weil das ein ganz komisches und gar nicht gutes Gefühl ist, genauso zu sein wie ein anderer.*
- *Ja, ich glaube, Oskar, das wäre es für mich auch. Wir haben ja gestern im Technikmuseum über das »Ich« geredet. Da ging es vor allem darum, ob wir uns im Spiegel erkennen und warum das so ist. Aber ich glaube, zu unserem »Ich« gehört noch viel mehr, als dass wir uns selbst im Spiegel erkennen. Gehört nicht auch dazu, dass wir uns als etwas ganz Besonderes empfinden – etwas Einzigartiges ...?*

Stell dir einmal vor, du wärst als kleines Kind von Außerirdischen entführt worden. Sagen wir im Alter von ungefähr einem Jahr. Die Aliens versorgen dich mit allem, was du zum Überleben brauchst: Sie geben dir zu essen und zu trinken. Du musst nicht frieren und hast gesunde Luft zum Atmen. Ein Bett zum Schlafen hast du auch. Und wenn du krank bist, wirst du medizinisch bestens versorgt.

Einen Namen allerdings geben dir die Außerirdischen nicht. Sie reden ohnehin nicht mit dir. Wenn sie wollen, dass du etwas tust oder lässt, geben sie dir Zeichen. Da sie nicht mit dir sprechen, hast du keinen Namen und auch keinen Nachnamen. Du kennst deine Eltern nicht und nicht deine Großeltern. Du weißt nicht, in welcher Stadt du geboren wurdest und auch nicht in welchem Land. Nicht mal den Planeten kennst du, von dem du stammst. Kann sein, dass das Raumschiff, in dem du lebst, gerade an deinem Heimatplaneten vorbeifliegt, ohne dass du auch nur einen blassen Schimmer davon hast. Niemand erzählt dir eine Geschichte über dich und berichtet, wie du als Säugling warst oder als kleines Kind. Keiner sagt dir, wann du das erste Mal gelacht hast und was du Drolliges angestellt hast und warum das mal wieder »typisch« für dich war. Was »typisch« für dich ist, weißt du bis heute nicht. In der Welt der Zeichensprache, die die Aliens mit dir sprechen, gibt es nur die Dinge, die man sehen und anfassen kann: Zimmer, Fenster, Planeten, Sterne, Bett, Essen. Auf ein Glas Wasser zeigen, heißt »trinken«, und auf ein Bett zeigen, heißt »schlafen«.

Was würde das alles für dich bedeuten? In der Zeichensprache gibt es kein Zeichen für morgen und übermorgen und auch kein Zeichen für gestern oder früher. Es gäbe also keine Vergangenheit und auch keine Zukunft. Und weil es keine Worte dafür gibt, hast du auch kein Werkzeug im Kopf, um darüber nachzudenken. Du würdest immer nur im Hier und Jetzt leben. Du könntest dir auch keine Geschichten ausdenken, da dir auch hierfür die Worte fehlen. Denn ohne eine richtige Sprache kann man nicht über Dinge reden, die man nicht sehen und anfassen kann. Und vieles von dem, was du diffus fühlst, hätte keine richtige Gestalt: nicht die Liebe, nicht die Treue, nicht die Sehnsucht und nicht die Einsamkeit. Wahrscheinlich würdest du auch nicht das tun, was sieben Milliarden Menschen auf der Erde jeden Tag tun: Du würdest nicht »Ich« sagen ...

- *Stimmt, Papa, man kann ja gar nicht »Ich« sagen. Man kann ja gar nichts sagen.*
- *Du würdest dich ja auch nicht an Wörter oder Sätze, sondern nur an Zeichen erinnern. Etwas anderes kennst du ja nicht. Was zum Beispiel würdest du machen, wenn das Essen nicht schmeckt? Wie würdest du das anderen zeigen?*
- *(Oskar streckt die Zunge heraus) Bääääääh!*
- *Wörter dagegen hätten für dich keine Bedeutung. Auch das Wort »Oskar« nicht.*
- *Das gäbe es für mich gar nicht.*
- *In deinem Kopf wäre keine Vorstellung von dem, was »Oskar« ist, sondern vielleicht nur so ein Gefühl, dass du nicht jemand anderes bist. Aber was so richtig typisch für dich ist, das wüsstest du nicht. Auch deine Interessen wären nicht so, wie sie sind. Du interessierst dich doch für verschiedene Sachen ...?*
- *Für Ritter, für Indianer und für Cowboys, Greifvögel, Dinosaurier, Star Wars, Tim und Struppi, Harry Potter, Kung-Fu-Panda, für Fußball, Piraten, Fabelwesen, Monster ...*

– *Kennst du ein anderes Kind, das sich für genau die gleichen Dinge interessiert?*
– *Nein.*
– *Wer sind deine besten Freunde?*
– *Jasper, Jan-Paul, Robin, Ole, Lorenz, Luis, Nico.*
– *Was machst du, wenn du mit ihnen zusammen bist? Worüber redet ihr?*
– *Über Star Wars. Aber die anderen haben nicht immer die gleichen Interessen.*
– *Aber manche teilt ihr?*
– *Nico mag Fußball, Lorenz mag Fußball, auch Jasper und Luis.*
– *Wie ist es mit Dinosauriern? Interessieren die anderen sich auch dafür?*
– *Nico. Aber nicht so sehr wie ich.*
– *Für Greifvögel?*
– *Keiner so richtig.*
– *Aber du interessierst dich dafür. Du kennst zum Beispiel ganz seltene Greifvögel, von denen andere noch nie gehört haben ...*
– *Kalifornischer Kondor, Aplomeda-Falke, Madagaskar-Schlangenadler ...*
– *Was meinst du, Oskar, wie viele andere Menschen, sagen wir mal in Berlin, diese Vögel kennen?*
– *Vielleicht zehn?*
– *Ja, möglicherweise. Vielleicht auch hundert.*

*Aber mehr wahrscheinlich nicht. Dafür gibt es ganz viele Menschen, die Dinge wissen, von denen wir beide keine Ahnung haben. Es gibt Menschen, die kennen jedes Handy-Modell, das je gebaut wurde, oder alle Automarken. Oder Spezialisten, die alles über Münzen wissen oder Briefmarken. Was in deren Kopf an Wissen und Gedanken versammelt ist, ist nur in ihrem Kopf. Jeder ist eine ganz eigene sehr seltene Mischung.*
- *Also sozusagen eine vom Aussterben bedrohte Art ...?*
- *Ja, sozusagen. Das gefällt mir sehr gut: Jeder einzelne Mensch ist, wie du sagst, eine vom Aussterben bedrohte Art! Aber dass wir so besonders sind, wissen wir nur, weil wir uns mit anderen vergleichen. Damit haben wir übrigens auch schon unsere achte philosophische Einsicht:*

Wir wissen, dass wir anders sind als die anderen. Wenn es keine anderen gäbe, dann wüssten wir auch nicht, dass wir ganz besonders sind. Denn unser »Ich« entsteht durch Vergleichen.

Nun wird es aber Zeit, dass wir nach Hause kommen und dass zwei vom Aussterben bedrohte Arten etwas zu essen kriegen. Morgen haben wir einen größeren Ausflug vor uns. Und außerdem schlagen wir ein ganz neues großes Kapitel aus dem Buch der Philosophie auf. Wir werden einmal gründlich darüber nachdenken, was Gut und was Böse ist. Und warum wir uns manchmal freundlich und nett gegenüber anderen verhalten und manchmal auch nicht ...

# Das Gute & Ich

# Auf der Freundschaftsinsel

*Gibt es Moral im Gehirn?*

Ein wunderschönes Erlebnis in der Umgebung von Berlin ist die Fahrt mit dem Boot durch den Templiner See. Wildbewachsene Ufer mischen sich mit alten Gebäuden aus der Zeit der preußischen Könige. Wenn man sich ein Kanu oder Kajak mieten will, beginnt man zumeist auf der Freundschaftsinsel mitten in Potsdam. Die Insel hat eine bewegte Geschichte. Zur Zeit des Königs Friedrich Wilhelm I. wurde sie durch einen hohen Palisadenzaun geteilt. Der preußische Herrscher, berühmt als »Soldatenkönig«, wollte damit verhindern, dass seine Soldaten flüchteten. Der Drill in der preußischen Armee war berüchtigt, und Soldat zu sein eine fürchterliche Plackerei. Später, als der Zaun weg war, eröffnete hier ein Ausflugsrestaurant mit dem schönen Namen »Insel der Freundschaft«. Der berühmte Staudenzüchter Karl Förster legte später einen Garten dazu an, in dem zu jeder Jahreszeit etwas blüht.

Heute kommen viele Besucher auf die Freundschaftsinsel, wo es auch einen der besten Spielplätze von Potsdam gibt. Wenn Oskar und ich einen Ausflug hierher machen, kann man sich kaum noch vorstellen, dass die ganze Insel mitsamt ihrer Umgebung einmal völlig zerstört war. Ende des Zweiten Weltkrieges war hier alles umgegraben worden und mit Schützengräben durchzogen. Aus der Freundschaftsinsel war wieder eine Soldateninsel geworden.

Im Oktober 2010 wurden die Bewohner an der nahen Babelsberger Straße wieder einmal an den Krieg erinnert. 7000 Menschen mussten ihre Häuser verlassen. Kindergärten wurden geschlossen, und auch die Bewohner des Altersheims sollten kurzfristig ihr Zuhause wechseln. Kein Zug fuhr mehr in den nahe gelegenen Potsdamer Bahnhof, und kein Auto war mehr auf der Straße zu sehen.

Der Grund: Im nahe gelegenen Fluss, in der Nuthe, war eine 250 Kilogramm schwere Bombe gefunden worden. Die Bombe war im Zweiten Weltkrieg in den Fluss gefallen und nicht explodiert. Nun schlug die Stunde der Spezialisten des Brandenburger Munitionsbergungsdienstes. Normalerweise werden Bomben, die aus dem Krieg übrig geblieben sind, entschärft. Aber das war dieses Mal nicht möglich. Das gefährliche Ungetüm lag 1,30 Meter tief im Wasser.

Was tun? Wenn eine so große Bombe an Land explodiert, bildet sich ein riesiger Krater, etwa zehn Meter tief und fünfzehn Meter breit. Ein Loch, größer als bei der Baustelle für ein Wohnhaus. Vorsichtig schnallten die Spezialisten einen Sprengkörper an die Bombe. Dann holten sie vierzig Strohballen und brachten sie mit einem Floß über die Nuthe bis zur gefährlichen Stelle. Insgesamt 9000 Kilogramm Stroh lagen nun über der Bombe. Wenn sie explodierte, sollten die Splitter unter Wasser bleiben und nicht turmhoch durch die Luft fliegen. Ganz vorsichtig lösten die Männer die Sprengung aus ...

Ein gewaltiges Donnern ließ die Luft erzittern, begleitet von einer riesigen dunklen Wasserfontäne. Die Wände der Häuser in Potsdam und Babelsberg wackelten. Dann war alles vorbei. Die Spezialisten hatten gute Arbeit geleistet.

Als ich Oskar davon erzähle, ist er ganz neugierig. Er will alles darüber wissen, wie man Bomben entschärft und was Explosionen alles anrichten können. Während ich erkläre, blicke ich über den Garten auf der Freundschaftsinsel hinweg auf die Nikolaikirche. Aus der Ferne erinnert sie mit ihrer Kuppel stark an das berühmte Kapitol in Washington, in dem der Bundestag der USA, der »Kongress«, seinen Sitz hat. Man könnte also fast meinen, man wäre hier in Amerika. Und plötzlich vermischt sich ganz vieles in meinem Kopf. Amerika, das Thema »Sprengungen«, der Gedanke, dass wir auf der »Freundschaftsinsel« sitzen. Da fällt mir eine Geschichte ein, die mit alldem zu tun hat. Eine Geschichte, die auch für Philosophen ganz besonders interessant ist ...

Der 13. September 1848 ist ein schöner Tag. Die Nachmittagssonne brennt hell und heiß, und Phineas Gage ist seit den Morgenstunden bei der Arbeit. Gage ist Fachmann für Sprengstoff, der tüchtigste und fähigste Mann der Eisenbahngesellschaft.

Sein Auftrag besteht darin, die Felsen wegzusprengen, die der neuen Eisenbahnlinie im Weg sind. Die Arbeiter in Vermont sind kurz vor der Stadt Cavendish. Bald schon werden die Schienen durch die Neuenglandstaaten verlegt sein und Passagiere voller Erwartung über 200 Meilen hinweg von Rutland nach Boston reisen.

Um die Felsen zu sprengen, bohren die Arbeiter tiefe schmale Löcher in den Felsen. Danach schütten sie hochexplosives Schwarzpulver hinein und legen eine Zündschnur. Doch bevor die Sprengung beginnt, muss das Schwarzpulver noch mit Sand abgedeckt werden. Ohne die Sandschicht nämlich würde der Druck der Explosion einfach nach oben aus dem Bohrloch entweichen. Der Sand aber sorgt dafür, dass die Explosion in alle Richtungen wirkt. Nur so wird der Felsen auch tatsächlich gesprengt.

Doch wie klopft man den Sand in dem engen Bohrloch fest? Genau dies ist die Aufgabe von Phineas Gage. Mit einer zwei Meter langen Eisenstange stampft er den Sand im Bohrloch fest. Erst danach kann die Zündschnur angesteckt werden. Die Arbeiter bringen sich in Sicherheit, und der Felsen explodiert.

An diesem Tag im September aber ist alles anders. Gerade hat Gage Pulver und Zündschnur in einem neuen Bohrloch verstaut. Und er hat seinen Helfer aufgefordert, das Ganze mit Sand abzudecken. Jetzt greift er nach der Eisenstange, um den Sand über dem Sprengstoff festzustampfen. Da spricht ihn jemand von hinten an. Gage dreht sich um und wechselt ein paar Worte. Routiniert stößt er zugleich die Eisenstange in die Grube. Was er nicht sieht, ist, dass sein Helfer noch keinen Sand eingefüllt hat. Gage redet und lacht und stößt dabei mit der Stange ins Bohrloch direkt gegen die Felsen und das Schwarzpulver. Und da die Stange aus Eisen ist, schlägt sie dabei Funken aus dem Felsen. Und einer der Funken trifft das Schwarzpulver ...!

In diesem Augenblick explodiert der Sprengstoff. Die Eisenstange fährt Gage durch die linke Wange ins Gehirn, durchbohrt den Kopf und fliegt durch das Schädeldach wieder heraus. Dreißig Meter weiter knallt die Stange zu Boden, mit Blut und Hirngewebe verschmiert. Gage liegt am Boden. Die Nachmittagssonne scheint über die Felsen. Die Eisenbahnarbeiter stehen gebannt und starr vor Entsetzen. Nur wenige trauen sich näher heran und sehen das Unfassbare: Phineas Gage lebt!

Mit einem Loch quer durch den Schädel erlangt Gage das Bewusstsein zurück. Obwohl unablässig Blut aus der offenen Wunde rinnt, ist er in der Lage, seinen Kollegen den Unfall zu erklären. Die Arbeiter heben ihn auf einen Ochsenkarren. Aufrecht sitzend fährt er über einen Kilometer zu einem benachbarten Hotel. Er ist ein verdammt harter Bursche. Die anderen Eisenbahnarbeiter staunen nicht schlecht, als Gage selbständig vom Wagen herunterklettert. Er setzt sich auf einen Stuhl im Hotel und wartet. Als der Arzt eintrifft, begrüßt er ihn mit den Worten: »Hier gibt es eine Menge Arbeit für Sie, Doktor.«

Heute liegt Gages Schädel im Museum der Universität Harvard und bereitet der Wissenschaft Kopfzerbrechen. Phineas Gage, bei seinem Unfall 25 Jahre alt, lebte noch dreizehn Jahre mit seiner fürchterlichen Kopfverletzung.

Gage konnte fühlen, hören und sehen. Er war nicht gelähmt oder körperbehindert. Nur sein linkes Auge hatte er verloren. Dafür konnte er immer noch normal gehen und reden. Als Sprengstoff-Experte allerdings wurde er nicht mehr eingesetzt. Gage fand Arbeit auf Pferdefarmen. Aber schon nach kurzer Zeit flog er wieder raus. In seiner Hilflosigkeit trat er auf Jahrmärkten auf, dann als Attraktion in einem Museum, wo er sich mitsamt seiner Eisenstange zur Schau stellte. Schließlich wanderte er aus nach Chile. Er arbeitete auf Pferdegütern und als Postkutscher. 1860 ging er nach San Francisco und lebte dort als Obdachloser. Er bekam epileptische Anfälle und starb im Alter von 38 Jahren. Man beerdigte ihn gemeinsam mit seiner Eisenstange, von der er sich nie getrennt hatte.

Warum war Gages Leben so schiefgelaufen? Die Antwort ist gespenstisch: Der ehemalige Eisenbahnarbeiter hatte sich durch den Unfall auf eine sehr merkwürdige Weise verändert. Sein Charakter war ganz anders geworden! Vorher galt er als der netteste unter allen seinen Kollegen. Doch nach dem Unfall war er nicht, wie er vorher war. Er wurde herzlos und gemein. Er log und betrog hemmungslos. Er fing pausenlos Streit an und bekam unkontrollierte Wutausbrüche. Und ständig provozierte er Schlägereien.

Was war passiert? War es möglich, dass die Verletzung im Gehirn einen netten Menschen in einen Lügner, Schläger und Verbrecher verwandelt hatte?

Inzwischen wurde Gages Schädel nach allen Regeln der Kunst untersucht. Die Gehirnforscher Hanna und Antonio Damasio sind sich sicher, dass Teile in seinem

Gehirn zerstört wurden, die für wichtige menschliche Eigenschaften zuständig sind. Sie glauben, dass Gage sowohl das Verantwortungsgefühl für sich selbst als auch anderen gegenüber verloren hatte. Ein bestimmter Bezirk in seinem Gehirn, die *ventromediale Region* neben dem linken Auge, war durch den Unfall einfach weggesprengt worden. Und Phineas Gage war dadurch zu einem Asozialen geworden.

- *Nun Oskar, was hältst du von dieser Geschichte?*
- *Brutal!*
- *Kannst du dir vorstellen, dass, wenn dir eine Eisenstange durch den Kopf fliegt, du auf einmal ein richtig böser Mensch wirst? Was meinst du, können wir daraus lernen?*
- *Hmmmh, nicht mit Sprengstoff spielen?* (Oskar lacht)
- *Da hast du recht. Aber was sagt diese Geschichte über dein Gehirn?*
- *Dass es da eine Stelle gibt, Papa, also diese Mitgefühl-Region oder so ...*
- *Ja, die ventromediale Region. Das ist ein wichtiger Ort im Gehirn, wo deine Gefühle verarbeitet werden. Und da entscheidest du dann, was du für richtig gut hältst und was du böse findest und lieber nicht tust. Aber wie macht dein Gehirn das?*

- *Keine Ahnung, Papa.*
- *Ganz ehrlich gesagt: So genau weiß ich das auch nicht. Ich kenne auch niemanden, der das genau weiß. Erinnerst du dich an den Snork?*
- *Aus Mumin?*
- *Ja, den Snork aus den Mumin-Büchern, die du so magst. In einem der Bände wünscht er sich vom großen Zauberer eine Rechenmaschine, damit er immer weiß, was gerecht und was ungerecht ist.*
- *Ja, ich erinnere mich.*
- *Und?*
- *Er kriegt keine.*
- *Genau. Da muss selbst der große Zauberer passen. Denn wenn man wissen will, was gerecht und was ungerecht ist, dann muss man über ganz vieles nachdenken.*

Zunächst aber unsere neue Einsicht:

Es gibt Regionen in unserem Gehirn, in denen Gefühle entstehen. Andere Regionen sind eher für Gedanken zuständig. Meistens ist aber das eine mit dem anderen stark vermischt. Eine wichtige Region, in der Gefühle zu Gedanken werden, ist die ventromediale Region. Sie hilft uns zu entscheiden, was wir gut und was wir böse finden.

Nun aber zu den kniffeligen Fragen, was gerecht und ungerecht, gut und böse ist. Zum Beispiel ...

= *Sind fünf Menschen mehr wert als einer?*

# Im Hauptbahnhof

*Sind fünf Menschen mehr wert als einer?*

Von Potsdam zurück, steigen Oskar und ich am Hauptbahnhof aus. Oskar mag den Bahnhof, weil er so groß ist und man die Züge von vier verschiedenen Stockwerken aus beobachten kann. Für ihn ist kaum vorstellbar, dass der Bahnhof erst wenige Jahre alt ist. Bis zum Jahr 2006 war der viel kleinere Bahnhof Zoo der wichtigste Bahnhof von Berlin. Verglichen mit dem Hauptbahnhof erscheint er geradezu winzig. Oskar möchte immer genau wissen, wie groß alles ist. Ob der Hauptbahnhof der größte Bahnhof in Deutschland ist oder gar in Europa oder der ganzen Welt? Das ist nicht so einfach zu beantworten. Denn wie misst man, wie groß ein Bahnhof ist?

Die meisten Passagiere, die auf einem deutschen

Bahnhof einsteigen, aussteigen und umsteigen, tun das in Hamburg. 450 000 Menschen jeden Tag. Aber der Hamburger Hauptbahnhof hat ziemlich wenige Bahnsteige. Da haben Berlin oder Frankfurt viel mehr. Die größten deutschen Bahnhofsgebäude stehen in Berlin und in Leipzig. Obwohl sie sehr groß sind, gehören sie noch nicht zu den größten der Welt. Die meisten Gleise – die stolze Zahl von 67 – hat der Grand Central Terminal in New York. Er ist zugleich einer der schönsten Bahnhöfe der Welt mit einem wunderschönen Sternzeichen-Bild an der Decke. Besonders viele Passagiere sieht man dort aber nicht. Der Bahnhof hat seine große Zeit hinter sich. Die Amerikaner fahren lieber mit dem Auto als mit dem Zug. Der flächenmäßig größte Bahnhof der Welt ist wahrscheinlich der brandneue Bahnhof Shanghai Hongqiao in China. Und die meisten Passagiere reisen vom Bahnhof Shinjuku in Tokio an und ab. Ungefähr vier Millionen Menschen sind es an jedem Tag. Dagegen sind die 300 000 Reisenden, die über den Berliner Hauptbahnhof wuseln, doch recht wenig …

Trotzdem erscheint Oskar und mir der Bahnhof an diesem Sommertag voller Menschen. Die Stadt ist bevölkert von Touristen, und wir schauen dem munteren Treiben eine Weile zu. Plötzlich fällt mir eine Frage ein. Denn Oskar will immer wissen, was größer und besser ist und was am zweitgrößten und so weiter. Auch jetzt soll es darum gehen, was besser ist. Aber da es sich um eine philosophische Frage handelt, kann man diesmal nicht einfach nur zählen und messen. Wenn ich »besser« meine, meine ich nämlich nicht größer, sondern ich will wissen, was seiner Ansicht nach »richtiger« ist.

- *Also Oskar, stell dir mal folgende Situation vor: Schau mal auf das Gleis da vorne, wo die fünf Arbeiter gerade die Schienen ausbessern. Und jetzt stell dir vor, bei dem Waggon, der da vorne steht, löst sich die Bremse. Er fährt an und rast völlig außer Kontrolle über das Gleis direkt auf die fünf Gleisarbeiter zu. Kannst du dir das vorstellen?*
- *Klar, Papa.*
- *Gut, du siehst den führerlosen Wagen heransausen. Jetzt stellen wir uns dazu vor, am Gleis da drüben gäbe es eine Weiche ...*
- *Aber da ist doch gar keine Weiche.*
- *Nein, aber wir stellen uns das jetzt mal so vor, als ob es eine gäbe. Und daneben ist der Schaltkasten. Wenn du auf einen Knopf drückst, wird die Weiche umgestellt. Du könntest jetzt also ganz schnell drücken und die Weiche nach rechts umstellen. Und damit könntest du das Leben*

*der fünf Männer in letzter Sekunde retten. Der
Wagen würde dann auf das Nebengleis umgeleitet. Die Sache hat aber einen Haken. Wenn der
Wagen nach rechts abbiegt, überfährt er ebenfalls
einen Gleisarbeiter – allerdings nur einen einzigen. Was würdest du tun?*
- *Ich würde rufen und schreien, dass die da weggehen sollen, die Gleisarbeiter.*
- *Gute Idee. Aber hör mal! Hier ist es so laut, da
würde dich keiner da unten hören.*
- *Stimmt, Papa.*
- *Nun, was würdest du tun?*
- *(Oskar zögert lange) Also, dann würde ich die
Weiche umstellen. Aber nur, wenn es gar nicht
anders geht. Weil fünf Menschen, die sind ja
mehr wert als einer.*

Während unseres Gespräches sind wir langsam die Treppen hochgestiegen. Über drei Stockwerke geht es nach oben. Von hier hat man einen guten Blick durch den ganzen Bahnhof. Vorsichtig schauen wir über das Geländer bis ganz nach unten auf die Gleise des Tiefbahnhofs.

- *Hör mal, Oskar, ich habe noch eine zweite Frage.
Du sagst doch, fünf Menschenleben sind wichtiger als eines.*

– Ja, das habe ich gesagt.
– Jetzt stell dir die gleiche Situation bitte noch einmal vor. Wieder rollt da unten der führerlos gewordene Waggon heran. Und wieder rast er auf die fünf Gleisarbeiter zu. Diesmal aber stehst du nicht an der Weiche. Du stehst hier oben auf einer Art Brücke über dem Gleis. Wie kannst du den Wagen bloß stoppen?
– Ich könnte etwas aufs Gleis werfen. Um den Wagen aufzuhalten.
– Das müsste aber etwas sehr Großes sein, Oskar. Und hier ist weit und breit nichts, was du da runterwerfen könntest. Es sei denn ...
– Was, Papa?
– Na, guck mal neben uns der dicke Mann. Wenn wir den ganz kräftig schubsen würden, dann fällt er über das Geländer, und wahrscheinlich fällt er direkt aufs Gleis und vor den Wagen. Sein schwerer Körper würde den heranrasenden Eisenbahnwagen aufhalten. Und die fünf Gleisarbeiter wären gerettet. Würdest du das tun?
– Dafür bin ich nicht stark genug.
– Ich könnte dir ja helfen. Aber du musst entscheiden ...
– Papa, nein! Das ist Mord!
– Ja, aber vorhin hast du gesagt, du würdest die Weiche umstellen, dabei stirbt ja auch ein Gleis-

*arbeiter. Und dieses Mal sagst du, das wäre Mord. Aber das Ergebnis ist doch beide Male das Gleiche. Einer muss sterben, damit fünf überleben.*
- *Nein, das ist nicht das Gleiche. Weil es ist ein supermieses Gefühl, einen da runterzuschubsen. Man will ja auch nicht, dass irgendjemand anderes einen selbst schubst.*
- *Ja, das verstehe ich. Aber ich bleibe dabei. Bei der Weiche und beim Schubsen ist es beides Mal die Frage: Stirbt einer oder sterben fünf. Wäre es da nicht gerecht, das Gleiche zu tun?*
- *Papa, wie würdest du das denn machen? Würdest du den dicken Mann schubsen?*
- *Äh, nein!*
- *Und warum nicht?* (Oskar freut sich diebisch) *Es ist doch einer oder fünf?*
- *Weil es auch für mich ein mieses Gefühl ist, den Mann zu schubsen. Ich kann ja noch nicht mal eine Wespe erschlagen, ohne dass sie mir leidtut.*
- *Ich auch nicht, Papa.*
- *Willst du wissen, Oskar, wie sich die meisten anderen Menschen entscheiden? Ob sie die Weiche umstellen und ob sie schubsen würden?*

Die beiden Fragen, ob man eine Weiche umstellen oder einen dicken Mann schubsen würde, um fünf Gleisarbeiter zu retten, ist eine berühmte Frage der Philosophie. Mehr als 300000 Menschen haben diese beiden Fragen inzwischen beantwortet. Amerikanische Forscher haben sie als Testfragen ins Internet gestellt. Und sie ließen die Menschen online darüber entscheiden, was sie tun würden. Doch die Forscher befragten nicht nur Internetsurfer. Sie stellten ihre Testfragen in den USA und in China, und sie testeten sogar Nomadenvölker in der Sahara und Inuits am Polarkreis. Sie fragten Kinder und Erwachsene, Atheisten und Gläubige, Frauen und Männer und Menschen aus ganz verschiedenen Berufen. Das überraschende Ergebnis war: Die Antworten waren fast immer gleich – ganz egal, welche Religion, welches Alter, welches Geschlecht, welche Ausbildung und welches Herkunftsland die Menschen hatten.

Und wie lauteten die Antworten? Nun, meistens nicht anders als bei Oskar.

Frage 1: Fast jeder der Befragten würde die Weiche umstellen. Er würde den Tod von einem einzigen Mann in Kauf nehmen, um das Leben von fünf Männern zu retten.

Frage 2: Nur jede Sechste würde den dicken Mann von der Brücke schubsen, um das Leben der fünf Männer zu retten. Die große Mehrheit würde es nicht tun.

Ist das nicht ein seltsames Ergebnis? Ob ich die Weiche umstelle oder den Mann von der Brücke stoße – das Resultat ist doch in beiden Fällen das Gleiche! Ein Mann stirbt, und fünf werden dadurch gerettet. Von der

Bilanz der Toten und Überlebenden her gesehen gibt es keinen Unterschied. Und doch scheint es einer zu sein. Aber warum?

Für Oskar und mich macht es einen großen Unterschied, ob ich – wie bei der Weiche – den Tod eines Menschen in Kauf nehme. Oder ob ich – wie bei dem dicken Mann – einen Menschen direkt anfasse und töte. Natürlich ist es in beiden Fällen ein, wie Oskar sagt, »mieses Gefühl«. Aber dieses miese Gefühl ist im zweiten Fall viel stärker. Wir sind nicht wie Phineas Gage, dem es bestimmt leichtgefallen wäre, den Dicken zu schubsen. Unsere ventromediale Region im Gehirn funktioniert offensichtlich gut. Und die meisten Menschen in der Welt sehen das offensichtlich genauso wie Oskar und ich. Allerdings ...

- *Eine Frage habe ich noch, Oskar.*
- *Hmmm?*
- *Wenn auf dem Nebengleis da unten nicht der eine Gleisarbeiter stehen würde, sondern die Mama oder der Papa. Würdest du dann trotzdem die Weiche umstellen, um die fünf Gleisarbeiter zu retten?*
- *Nein, das würde ich nicht.*
- *Warum nicht, Oskar? Von der Logik ist es doch genau dasselbe, ob es der Papa, die Mama oder*

*irgendein Gleisarbeiter ist. Es ist fünf gegen eins.*
- *Ich würde es nicht machen, weil es die Mama ist. Oder weil du es bist. Ich würde es auch nicht machen bei einem von meinen Freunden.*
- *Ja, ich würde es auch nicht tun, wenn du auf dem Gleis wärst. Niemals!*

Ich glaube, damit haben wir etwas Wichtiges erkannt und eine neue philosophische Einsicht gewonnen:

**Wenn wir moralische Entscheidungen treffen, dann handeln wir sehr oft gar nicht logisch. Vielmehr sind es unsere Gefühle, die unsere Entscheidungen treffen, was wir im Umgang mit anderen Menschen für richtig oder falsch halten.**

Und damit kommen wir zu unserem nächsten Thema. Es gibt also das gefühlte moralische *Recht*, unter ganz bestimmten Umständen töten zu dürfen, wie etwa bei der Weiche, die wir umstellen, um andere Menschen zu retten. Aber gibt es auch eine moralische *Pflicht*, töten zu müssen?

= *Darf man Tante Bertha töten?*

## Vor der Charité

*Darf man Tante Bertha töten?*

Ein Krankenhaus ist eigentlich kein Ort, zu dem man einen Ausflug macht. Außer, es liegt jemand darin, den man besucht. Aber die Charité in Berlin ist schon etwas ganz Besonderes. Hier gibt es zum Beispiel ein medizinhistorisches Museum, in das Oskar und ich allerdings nicht gehen, weil ich befürchten muss, dass er danach schlecht schläft. Missgestaltete Föten und von Krankheiten zerfressene Schädel sind sicher nicht das Richtige für ihn. Etwas anderes Interessantes ist, dass neben dem großen neuen Bettenhaus aus der Zeit der DDR, das man schon von weitem sehen kann, viele kleine Backsteinhäuser stehen. Diese Gebäude sind über hundert Jahre alt und erzählen viel von der Geschichte der Charité. Gegründet wurde das Krankenhaus schon vor 300 Jahren. Damals wütete in halb Europa die Pest. Und König Friedrich I.

baute schnell ein Lazaretthaus, weil man befürchten musste, dass es auch in Berlin viele Pestkranke geben würde. Damals lag das Gelände der Charité noch außerhalb der Stadtmauern. Denn in der Stadt wollte gewiss niemand die Pestkranken haben. Doch die Berliner hatten Glück. Die Pest zog an der Stadt vorbei. Und aus dem Lazarett wurde ein ordentliches Krankenhaus mit dem Namen Charité. Das Krankenhaus gehörte bald zu den besten und berühmtesten Kliniken in Europa. An der Charité gab es viele berühmte Ärzte wie Christoph Wilhelm Hufeland, Rudolf Virchow oder Ferdinand Sauerbruch. Robert Koch entdeckte hier den berühmten Tuberkel-Bazillus, den Erreger der gefürchteten Tuberkulose. Aus dieser Zeit, Ende des 19. Jahrhunderts, stammen auch die vielen roten Backsteingebäude mit ihren Zinnen und Türmchen.

Ein Krankenhaus ist eigentlich ein Ort der Pflege und des Friedens, aber das Thema, das ich für Oskar vorbereitet habe, hat es in sich. Es ist nämlich ganz schön grausam, dramatisch und vielleicht auch gemein. Ich erzähle ihm heute die Geschichte meiner Tante Bertha ...

Oh, meine Tante Bertha! Was für eine schreckliche alte Schachtel. Ihr ganzes Leben lang hat sie die Familie gequält mit ihrer ekelhaften Art. Kinder hat sie keine, Gott sei Dank. Dafür kriegten ihre Nachbarn ihre Launen zu spüren, ein jahrzehntelanges Theater um die Grundstücksgrenze und um ihren Hund, der überall in den Nachbarsgarten hinkackte. Überhaupt, der Hund! Ein kleiner bissiger Kläffer, den sie immer auf den Briefträger losgelassen hat. Ja, die widerliche Bertha.

Was ich noch vergessen habe: Sie ist reich. Steinreich sogar. Albert, ihr früh verstorbener Ehemann, hat ihr ein stattliches Vermögen hinterlassen. Und sie hat es gut angelegt: Immobilien, Wertpapiere, Aktien. Großtante Bertha verfügt über Millionen. Und was das Beste daran ist: Ich bin ihr Erbe. Leider hat die alte Bertha eine Pferdenatur. Sie ist gerade erst siebzig und kerngesund. Sie trinkt keinen Alkohol und raucht nicht. Sie macht sich noch nicht einmal was aus Torte. Tante Bertha macht sich aus gar nichts etwas, außer aus Geld. Die wird gut und gerne neunzig oder hundert. Doch wenn sie tatsächlich hundert wird, bin ich über siebzig. Wer weiß, was ich dann treibe und ob ich ihr Geld überhaupt noch brauchen kann. Manchmal wünsche ich mir, die olle Bertha würde morgen sterben. Oder noch besser: schon heute.

Stellen wir uns einmal vor, die alte Bertha müsste ins Krankenhaus, wegen irgendeiner Kleinigkeit, nichts Gefährliches. Zufällig kenne ich einen der Oberärzte, er ist ein sehr guter Freund von mir. Noch am selben Tag besuche ich ihn. Er zeigt mir die Abteilung, in der er arbeitet, die Station für krebskranke Kinder. Der Besuch ist schrecklich. Lauter kleine Menschen, von denen viele schon sehr früh sterben müssen. Wenn man sich die Kinder anschaut, die hier in ihren Bettchen liegen oder miteinander spielen, als ob nichts wäre, schießen einem die Tränen in die Augen. Die Abteilung braucht dringend sehr viel Geld für neue medizinische Geräte, damit die Kleinen eine bessere Chance bekommen zu überleben.

Am Abend sitzen der Oberarzt und ich miteinander in seinem Zimmer. Ich bin noch immer tief erschüttert. Nach einiger Zeit erzähle ich ihm von Tante Bertha, die auf einer anderen Station hier in der Charité liegt. Ich erzähle von ihrem vielen Geld und davon, dass ich ihr Erbe bin.

»Wäre es nicht möglich«, frage ich ihn, »dass man Tante Bertha etwas ins Essen mischt ...?«

»Wie meinst du das?«, fragt er mich.

»Na«, sage ich, »ein tödliches Medikament, das nach nichts riecht und nach nichts schmeckt. Ein Gift, das Tante Bertha tötet, ohne dass sie irgendetwas davon merkt. Etwas, das sie einfach sanft entschlummern lässt. Gibt es so etwas?«

»Jaja«, sagt mein Freund, der Oberarzt, »so etwas gibt es durchaus. Aber worauf willst du eigentlich hinaus ...?«

»Nun, ganz einfach«, sage ich. »Wenn wir Tante Bertha auf diese Weise schmerzlos töten, ohne dass sie etwas davon mitbekommt und ohne dass sie leidet, dann tun wir eigentlich gar nichts besonders Schlimmes. Doch wenn sie tot ist, erbe ich ihre Millionen. Dabei habe ich gar nicht vor, das Geld zu behalten. Ich möchte es dir spenden für deine Kinderstation im Krankenhaus, damit ihr davon neue medizinische Geräte anschafft ...«

»Du meinst, wir sollten einen Mord begehen?«, unterbricht er mich.

»Na ja, ich würde es anders sagen. Etwas philosophischer. Ich habe mir Folgendes überlegt: Wann ist eine Sache gut? Ganz einfach: wenn sie Menschen *glücklich* macht. Und wann ist eine Sache schlecht? Wenn sie Menschen *unglücklich* macht! Ist das richtig?«

»Ja, vielleicht. Das klingt nicht falsch.«

»Und wenn ich jetzt etwas tue, was nur *einen* Menschen unglücklich macht, aber *tausend* Menschen glücklich, darf ich es dann tun?«

»Also, ich weiß nicht recht ...«

»Wenden wir unsere philosophische Überlegung mal auf Tante Bertha an: Glück ist gut, und Leiden ist schlecht. Zunächst einmal lässt sich feststellen, dass meine Tante überhaupt kein Glück in die Welt bringt. Sie stiftet, wenn überhaupt, nur Leiden, zum Beispiel bei den Nachbarn und bei dem armen Briefträger. Das Geld, das sie auf der Bank hat, tut auch nichts Gutes. Aber wenn ich das Geld der Charité stifte, ermögliche ich damit sehr viel Glück. Alles, was man tun muss, um diesen Traum wahr zu machen, ist ... Nein, ich darf nicht nur – ich *muss* Tante Bertha umbringen! Bin ich nicht sogar dazu verpflichtet, die alte Schachtel zu beseitigen? Wer weiß, vielleicht erspart ihr dein tödliches schmerzloses Medikament sogar einen viel schlimmeren schmerzhaften Tod? Niemand weint ihr eine Träne hinterher. Und das ist noch viel zu freundlich gesagt. Wer würde sich nicht alles freuen, wenn die widerwärtige Knusperguste erst mal nicht mehr da ist? Die Nachbarn haben endlich ihre Ruhe und ihren sauberen Garten. Und der Briefträger darf hoffen, dass nun nettere Menschen in das Haus einziehen. Ist die Sache damit nicht klar und eindeutig ...?«

- *Was meinst du, Oskar? Sollte man Tante Bertha töten?*
- *Sterben sonst die Kinder im Krankenhaus?*
- *Na ja, vielleicht stirbt das eine oder das andere Kind, das sonst nicht sterben müsste.*
- *Dann, Papa, ist es ganz vielleicht in Ordnung, dass die Tante Bertha das Medikament bekommt. Aber wenn es nicht den Kindern im Krankenhaus hilft, dann dürfte man es nicht tun.*
- *Es gibt also, meinst du, Ausnahmen, bei denen es gerechtfertigt ist, dass man einen Menschen tötet?*
- *Ja, in Notwehr zum Beispiel. Wenn jemand mich töten will. Oder wenn ein Bandit jemand anderen*

*töten will, und ich hätte eine Waffe – dann dürfte ich den Banditen erschießen.*
- *Aber wenn, wie bei Tante Bertha, jeder selbst entscheiden und sagen darf: Diesen Menschen hier oder den da, den darf ich töten, weil er niemandem Glück bringt, was glaubst du, würde dann passieren ...?*
- *Dann gäbe es Krieg. Oder so etwas Ähnliches. Und alle müssten damit rechnen, dass jemand sie umbringt ...*
- *Und meinst du, Oskar, dies wäre ein großes Problem?*
- *Ein sehr großes. Dann gäbe es bald keine reichen Männer oder Frauen mehr. Und der, der jemanden umbringt, weil der kein Glück bringt, müsste damit rechnen, dass er vielleicht auch umgebracht wird.*
- *Was, meinst du, können wir daraus lernen?*
- *... dass man ganz, ganz vielleicht doch nicht die Tante Bertha umbringen sollte.*

Ich glaube, Oskar und ich sind uns einig. Denn wenn ich Tante Bertha töte, um damit krebskranken Kindern zu helfen, dann droht damit großes Unheil. Millionen Menschen: Erbtanten, Widerlinge, reiche Leute und auch viele Strafgefangene oder geistig Behinderte ohne Angehörige müssten damit rechnen, jederzeit schmerzlos im Schlaf getötet zu werden. Was für eine Panik bräche damit in der Gesellschaft aus? Und wie viel Unruhe und Unheil stiftete diese Panik unter den Menschen? Gut, vielleicht hätte ich Glück und mein Mord an Tante Bertha flöge tatsächlich nicht auf. Aber wenn ich mein Handeln als gerecht empfinden würde, dann müsste es *immer* in Ordnung sein. Und wenn es immer in Ordnung wäre, dann gälte das auch für jedermann. Und wer weiß, ob es nicht eines Tages auch mich selbst treffen könnte, und meine Neffen dächten das Gleiche über mich wie ich über Tante Bertha. Auch ich selbst könnte meines Lebens nicht mehr sicher sein. Leid und Freud wie bei einer Rechenaufgabe zusammenzuzählen, um danach Entscheidungen über Leben und Tod von Personen zu fällen, geht also nicht.

Beim Blick auf das Bettenhaus finden Oskar und ich es ziemlich beruhigend, dass in unserem Land niemand Angst davor haben muss, heimlich von einem Arzt im Schlaf getötet zu werden, damit sein Geld für einen guten Zweck verwendet werden kann. Und so kommen wir zu unserer nächsten philosophischen Einsicht.

**Den Wert, den das Leben eines Menschen hat, kann man nicht danach messen, wie nützlich dieser Mensch**

ist. Denn jede Person hat ein uneingeschränktes Recht auf Leben.

Dass wir uns normalerweise daran halten und andere Menschen achten, hat etwas damit zu tun, dass wir nicht gerne schlechte oder böse Menschen sein wollen. Aber warum eigentlich nicht?

= *Warum stören Spiegel beim Klauen?*

# Am Plötzensee

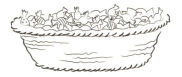

*Warum stören Spiegel beim Klauen?*

Oskar geht leidenschaftlich gerne schwimmen. Und Berlin hat viele schöne Freibäder. Überall in der Umgebung gibt es malerische Seen, in denen man baden kann. Wenn wir nicht so weit rausfahren wollen, gehen Oskar und ich meist ins Freibad am Plötzensee. Der See selbst ist in der Eiszeit entstanden. Und schon im 19. Jahrhundert gab es hier ein Schwimmbad.

Das heutige Freibad stammt aus den 1920er Jahren. Schnell tummelten sich die Arbeiterfamilien mit ihren vielen Kindern an dem angeschütteten Sandstrand und im grünen Wasser. Die alten Gebäude sind noch heute erhalten. Wenn man zwischen den runden Klinkerhäusern und Pavillons mit ihren Erkern und Kegeldächern steht, fühlt man sich sofort in eine frühere Zeit versetzt.

Schwimmt man auf die andere Seite des Sees,

landet man auf einer großen abgestuften Terrasse. Und dahinter befindet sich zwischen großen dunklen Bäumen – ein alter Friedhof! Eigentlich ist das schon ein bisschen unheimlich. Auch ein altes Gefängnis liegt in der Nähe des Sees. Und eine Gedenkstätte für Menschen, die hier in der Hitlerzeit ermordet wurden. Aber eine solche Mischung ist sehr typisch für Berlin. Das Traurige und das Lustige liegen hier so dicht beieinander wie in keiner anderen deutschen Stadt.

Bevor es zum Strand geht, kommt man an ein türkis gestrichenes Eingangshäuschen. Hier kauft man die Eintrittskarten. Aber heute, mitten in der Woche und bei etwas wolkigem Wetter, ist niemand da. Kein Kontrolleur weit und breit in Sicht.

Eine Zeitlang rätseln Oskar und ich, ob der Kartenverkäufer wohl nur mal kurz weg ist. Oder ob heute gar keiner da ist, weil kaum Badegäste erwartet werden.

Als auch nach ein paar Minuten noch keiner gekommen ist, überlegen wir, was wir tun sollen.

- *Was meinst du, Oskar? Wollen wir einfach durchgehen zum See?*
- *Ohne zu bezahlen, Papa?*
- *Ist ja keiner da, bei dem wir bezahlen können. Vielleicht ist der aufs Klo gegangen?*

– *Wir können trotzdem nicht einfach durchgehen.*
– *Warum nicht?*
– *Das wäre dann gemein, Papa.*
– *Wieso? Gegen wen ist das gemein?*
– *Na, gegen den Bademeister und gegen die, denen das Bad gehört.*
– *Gegen die Stadt Berlin, meinst du? Die merkt das doch gar nicht.*
– *Trotzdem.*
– *Und wenn in einer Viertelstunde immer noch keiner kommt? Was machen wir dann?*
– *Keine Ahnung, Papa.*
– *Wir könnten unser Eintrittsgeld ja hier irgendwo an dem Häuschen deponieren ...*
– *Nee. Und wenn das jemand klaut?*
– *Warum macht dir das eigentlich so viel aus, wenn wir hier einfach durchgehen. Kein Mensch sieht das, und keiner erwischt uns.*
– *Weil das für einen selbst ein mieses Gefühl ist, einfach durchzugehen, ohne Eintritt zu bezahlen.*
– *Da ist es also wieder. Dieses miese Gefühl, wenn man etwas tut, was nicht in Ordnung ist ...?*
– *Ja, genau, Papa.*

Nach einer Viertelstunde überrede ich Oskar, dass wir trotzdem zum See gehen. Wir verabreden, dass wir laut rufen, wenn wir den Bademeister sehen, und ihm erklären, dass wir noch Eintrittskarten brauchen. Kurz darauf sind wir im Wasser und schwimmen zwischen Plötzen und Karpfen auf die andere Seite. Noch einmal spreche ich dabei Oskar auf unser Gespräch am Kassenhäuschen an. Mir fällt dazu nämlich eine Untersuchung ein, die einmal in Amerika gemacht wurde ...

Deutsche Kinder dürfen zu Sankt Martin an Haustüren und in Geschäften betteln gehen. Sie tragen Laternen bei sich und singen Lieder, damit sie Bonbons als Belohnung bekommen. Die Kinder in Amerika kennen keinen Sankt Martin. Aber sie tun etwas ganz Ähnliches wie die deutschen Kinder, indem sie zu Halloween betteln.

Vor einiger Zeit fingen zwei Forscher an, sich für die Kinder zu interessieren. Die Frage, die sie sich stellten, war alles andere als schmeichelhaft für die Kinder. Nicht das Betteln war für sie interessant. Vielmehr wollten sie wissen: Unter welchen Bedingungen klauen Kinder Bonbons? Und wann lassen sie es lieber bleiben?

Die beobachteten Kinder zogen arglos von einem fremden Haus zum anderen und fragten nach Bonbons. Aber die Bewohner der Häuser in der amerikanischen Kleinstadt waren eingeweiht in einen Plan. Die Forscher hatten die Hausfrauen gebeten, den Kindern nicht einfach ein paar Bonbons zu geben. Sie sollten sie stattdessen in Versuchung führen zu klauen!

Wenn die bettelnde Schar vor die Häuser trat, begrüßten die Frauen die Kinder. Doch statt ihnen etwas zu geben, zeigten sie auf einen Korb mit Bonbons vor der Eingangstür. Jedes der Kinder dürfe sich ein einziges Bonbon daraus nehmen. Dann gingen die Frauen zurück ins Haus. Die Kinder blieben nun mit dem vollen Bonbonkorb alleine zurück. Was würden sie tun? Würden sie die Situation ausnutzen und sich die Taschen mit den unbewachten Bonbons vollstopfen?

Nun, der Bonbonklau hing von etwas Besonderem ab. Bei manchen Häusern war hinter dem Bonbonkorb ein großer Spiegel angebracht worden. Und bei anderen Häusern nicht. Wenn die Kinder sich Bonbons in die Tasche stecken wollten, sahen sie sich dabei bei einigen Häusern im Spiegel.

Und das Ergebnis? Wenn sich die Kinder beim Klauen selbst beobachten mussten, schreckten sie häufig zurück. Fehlte der Spiegel, wurden dagegen ziemlich oft viele Bonbons geklaut.

- *Was hältst du davon, Oskar?*
- *Ich würd sowieso nicht klauen.*
- *Kannst du dir denn vorstellen, dass das ein Unterschied ist, wenn du dabei in den Spiegel guckst, oder nicht?*
- (zögert) *Ich hab das ja noch nie gemacht, ich kann mir das wirklich nicht so gut vorstellen.*

- *Denk dir, du bist eines von diesen Kindern. Und alle anderen stopfen sich die Taschen voll. Würdest du das dann wirklich als Einziger nicht tun?*
- *Ich überleg noch mal, Papa. (Denkt nach). Ich glaube, ich würde die anderen ermahnen. Aber nicht verpetzen.*
- *Weil das auch ein mieses Gefühl ist, andere zu verpetzen?*
- *Verpetzen ist ganz blöd, Papa!*
- *Und du bist ganz, ganz sicher, dass du auf gar keinen Fall ...?*
- *Auf gar keinen Fall würd ich nicht sagen.*
- *Auf welchen Fall vielleicht doch? Wenn du ganz sicher wärest, dass du nicht erwischt wirst und alle anderen Kinder auch klauen? Vielleicht sogar ganz viel?*
- *Aber ich würde nur ganz wenige Bonbons nehmen. Wenn überhaupt. Weil klauen – da nimmst du ja anderen Sachen weg. Die wollen die ja selber haben. Und die sind dann traurig, weil das doch ihre Sachen sind. Und deshalb wäre das eben dieses miese Gefühl, wenn man klaut.*
- *Beschreib mal dieses miese Gefühl.*
- *Dann merkt man in sich drin, dass man was Schlechtes gemacht hat.*
- *Warum ist das so schlimm?*
- *Dann ist man traurig in sich drin. Dann kann*

*man sich vorstellen, wie es einem geht, wenn einem die Süßigkeiten selber geklaut werden.*
– *Es gibt Menschen, die dieses Problem nicht haben. Aber dem Papa geht es genauso wie dir, Oskar. Ich habe mal einen Halbedelstein geklaut von anderen Kindern. Einen kleinen Amethyst. Den fand ich so schön, und dann hab ich ihn heimlich in die Tasche gesteckt. Da war ich zehn Jahre. Ich hab den Stein heute immer noch. Aber immer wenn ich ihn sehe, dann denke ich nicht: Ist der schön! Ich denke: Der gehört mir eigentlich nicht. Der gehört zwei Jungen, mit denen ich früher gespielt habe. Und ich hab den geklaut.*

Ich glaube, wir haben eine Menge gelernt. Erstens ist es nicht gut zu klauen, denn wenn das jeder macht, wird keiner mehr seines Lebens froh. Wenn jeder sich daran vorbeimogelt, im Schwimmbad zu bezahlen, bekommt die Stadt kein Geld. Und irgendwann muss das Schwimmbad geschlossen werden.

Wir haben aber noch etwas anderes gelernt. Wenn man sich beim Klauen selbst beobachtet, denkt man viel mehr darüber nach, was man da eigentlich tut. Das heißt, es ist schwerer zu verdrängen, dass man gerade etwas Falsches tut.

Das Dritte, das wir gelernt haben, ist: Wenn andere etwas tun, was falsch ist, dann finden wir es nicht mehr so schlimm, selber etwas Falsches zu tun. Obwohl es eigentlich genau das Gleiche ist, ob ich alleine klaue oder genauso klaue wie andere. Es ist und bleibt Klauen. Aber man findet es weniger schlimm.

Warum? Weil man sich immer mit den anderen vergleicht. Du, Oskar, hast gesagt, du würdest nicht klauen. Und wenn alle anderen es tun, wahrscheinlich auch nicht. Nur ganz, ganz vielleicht. Und dann würdest du weniger klauen als die anderen. Das hilft dir, dich besser zu fühlen, obwohl du etwas Falsches getan hast.

Das »miese Gefühl« beim Klauen kommt übrigens daher, dass man über sich selbst nachdenken kann. Man macht sich dabei ein Bild von dem, was man für ein Mensch ist. Die meisten Menschen möchten gerne gute Menschen sein – auch wenn sie oft vielleicht gar nicht so gut sind, wie sie selbst glauben. Eben weil sie das, was sie tun, verdrängen. Oder sich mit anderen vergleichen und sagen: Im Vergleich zu dem und im Vergleich zu dem bin ich doch gar nicht so übel ...

Unsere nächste philosophische Einsicht lautet:

**Menschen können über sich selbst nachdenken. Sie haben ein Bild von sich selbst. Meistens versuchen wir so**

zu leben, dass das Bild, das wir von uns selbst haben, nicht darunter leidet. Aber oftmals tricksen wir uns auch selber aus: durch Verdrängen und Vergleichen.

Dass wir oft versuchen das Gute zu tun und uns dafür anstrengen, liegt aber nicht nur an unserem Selbstbild. Denn meistens denken wir, dass es uns im Leben besser geht, wenn wir nicht allzu viele miese Dinge tun. Wir glauben, dass das Leben uns dafür belohnt. Aber ...

= *Verderben Belohnungen den Charakter?*

# Auf dem RAW-Gelände

*Verderben Belohnungen den Charakter?*

Was Berlin so besonders macht, sind seine vielen unbebauten Flächen. Überall in der Stadt findet man etwas Verwildertes, das aus einer anderen Zeit übrig geblieben ist. Oft sind es alte Fabriken, durch die heute der Wind pfeift. Oder es sind Gebiete, in denen einmal die Berliner Mauer stand und die deshalb frei geblieben sind.

Häufig finden sich hier Menschen zusammen, die ihre Phantasie ausleben wollen. Sie bauen sich Werkstätten und Ateliers in alten Fabrikhallen. Andere suchen sich Proberäume, um Musik zu machen. Oder Inlineskater schaffen sich hier ihren Parcours. Alle diese Menschen tun dies nicht, weil sie damit Geld verdienen wollen. Sie machen es, weil sie sich austoben wollen und einfach Spaß haben an dem, was sie tun.

Ein ganz besonderer Ort dieser Sorte ist das RAW-Gelände an der Revaler Straße in Friedrichshain. Die Abkürzung RAW steht für ein fast unaussprechbares Wort: »Reichsbahnausbesserungswerkstatt«. Schon vor fast 150 Jahren wurden hier Lokomotiven und Eisenbahnwagen repariert. Von dieser »Königlich-Preußischen Eisenbahnhauptwerkstatt Berlin II« der Preußischen Ostbahn ist heute allerdings kaum noch etwas erhalten. Was heute an Gebäuden auf dem Gelände steht, stammt aus der Zeit Ende des 19. Jahrhunderts und den Zeiten danach. In der großen Zeit des Schienenverkehrs in Berlin arbeiteten hier mehr als tausend Menschen. Auch die DDR nutzte das Werk. Nach der deutschen Vereinigung allerdings wurde es stillgelegt, weil man es nicht mehr brauchte. Nur eine einzige Halle am Rand des Geländes ist noch in Betrieb.

Auf dem übrigen Gelände fanden sich schnell Menschen mit tollen Ideen ein. Ein Flohmarkt entstand und ein Kulturverein. Und Jugendliche und Kinder eroberten sich hier einen Freiraum, gegen den fast jeder städtische Spielplatz langweilig ist. Die beiden besonderen Attraktionen auf dem Gelände sind einmal die Skaterhalle und zum anderen ein alter Bunker aus dem Zweiten Weltkrieg. Mit viel Mühe und Liebe entstand daraus vor ein paar Jahren ein fast zwanzig Meter hoher Kletterturm. Keine Kletterwand in Berlin ist höher als diese. Und keine hat so viele verschiedene Möglichkeiten, um auf die Spitze des Bunkers zu kommen. Und hat man es erst einmal geschafft, hat man einen phantastischen Blick über die Stadt.

Leider ist Oskar für den Bunker noch etwas zu jung. Selbst für ältere Jugendliche und Erwachsene ist es nicht so leicht, hier hochzukommen. Dafür gibt es gleich um die Ecke eine Kinderkletterwand. Doch auch die ist nicht ganz einfach zu besteigen. Oskar müht sich gehörig ab, bei dem Versuch einen oder zwei Meter nach oben zu kommen. Mit hochrotem Kopf hängt er an den Greif- und Fußhilfen. Doch schließlich schafft er es ein Stück nach oben. Beim anschließenden Eisessen im Hof neben dem Bunker frage ich ihn:

- *Sag mal, Oskar, hättest du dich eigentlich noch mehr angestrengt, da hochzukommen, wenn ich dir ein Eis dafür versprochen hätte?*
- *Papa, dann hättest du jedenfalls kein Eis verdient.*
- *Wieso nicht?*
- *Weil du nicht geklettert bist.*

*– Ich kann gar nicht klettern. Und ganz bestimmt nicht an so einer Kletterwand. Also hättest du dich genauso angestrengt.*
*– Ja klar, Papa, ich wollte ja da hoch.*

Klar, wenn man etwas gerne macht, dann braucht man eigentlich auch keine Belohnungen dafür. Nur, wenn man es nicht gerne macht. Dann dient die Belohnung als ein Köder, um sich anzustrengen. Aber wie ist das eigentlich mit dem Helfen? Wenn wir anderen, die unsere Hilfe brauchen, einen Gefallen tun: Tun wir das freiwillig und gerne – oder tun wir das nur für eine Belohnung?

Die Forscher Felix Warneken und Michael Tomasello wollten es genau wissen. Dafür machten sie viele Versuche mit kleinen Kindern und filmten sie dabei.

Bei einem der Versuche will ein Mann einen dicken Stapel Bücher in einen Schrank stellen. Er hat den Stapel in den Händen und steht vor dem Schrank. Leider sind die Türen zu, und der Mann stößt mehrmals vergeblich gegen den Schrank. Ein kleines, erst 14-monatiges Kind, das gerade laufen kann, sieht dabei zu. Plötzlich geht es zielstrebig zum Schrank und öffnet die Türen. Anschließend blickt es den Mann freundlich an. »Bitte schön«, scheint es zu denken, »deine Türen sind jetzt auf!« Das kleine Kind hatte dem Mann mit den Büchern geholfen, ohne dass es dafür eine Belohnung bekommen hatte.

Die Forscher machten noch mehr Versuche. Einem Mann rutscht ein Textmarker aus der Hand, und er kann ihn von seinem Stuhl aus nicht aufheben. Und wieder hilft ihm ein kleines Kind und hebt den Textmarker auf und gibt ihn dem Mann. Einem anderen Mann fällt ein Schwamm runter. Und wieder hilft ihm ein kleines Kind. Alle kleinen Kinder zeigen sich spontan hilfsbereit.

Nicht anders erging es den Forschern mit Schimpansen. Auch sie halfen, wo sie nur konnten. Freiwillig und ohne Belohnung.

Menschen und Schimpansen sind von Natur aus hilfsbereit. Aber viele ältere Kinder und auch viele Erwachsene sind es nicht! Woran könnte das liegen?

Auch auf diese Frage fanden die Forscher eine Antwort. Bei einem zweiten Versuch teilten sie zwanzig Monate alte Kleinkinder in drei verschiedene Gruppen. Jedes Mal, wenn ein Kind aus der ersten Gruppe sich hilfsbereit zeigte, erhielt es ein Spielzeug zur Belohnung. Waren die Kinder der zweiten Gruppe hilfsbereit, so wurden sie dafür ausführlich gelobt. Die Kinder der dritten Gruppe aber erhielten keine Belohnung für ihre Hilfe. Was passierte?

Die Kinder aus der zweiten und dritten Gruppe blieben die ganze Zeit auf gleiche Weise hilfsbereit. Doch was geschah mit den Kindern, die mit einem Spielzeug belohnt wurden? Ihr angeborener Sinn für Hilfsbereitschaft wurde in kürzester Zeit fast völlig ruiniert! Sie halfen den Erwachsenen nämlich nur noch unter der Bedingung, dafür belohnt zu werden. Gab es keine Belohnung, so halfen die Kinder auch nicht. Aus einer *unbedingten* Hilfsbereitschaft war eine *bedingte* Hilfsbereitschaft geworden.

Zu einem ähnlichen Ergebnis kam auch der Forscher Richard Fabes in Amerika. Er ging in eine Grundschule und brachte einen dicken Stapel verschiedenfarbiger Papiere mit. Dann bat er die Kinder, die Papiere zu sortieren. Das sortierte Papier wollte er verkaufen und das Geld schwerkranken Kindern im Krankenhaus geben.

In einer anderen Gruppe von Kindern stellte er die gleiche Aufgabe. Diesmal war aber nicht die Rede davon, das Geld für kranke Kinder zu spenden. Stattdessen versprach er den Kindern in der Grundschule ein kleines Spielzeug als Belohnung für ihre Sortierarbeit.

Beide Gruppen erledigten engagiert ihre Aufgabe. Einige Zeit später bat Fabes die Kinder noch einmal um ihre Hilfe. Doch diesmal erzählte er weder der ersten Gruppe etwas von den kranken Kindern, noch stellte er der zweiten Gruppe eine Belohnung in Aussicht.

Das Ergebnis war wie erwartet: Während die erste Gruppe genauso eifrig sortierte wie beim ersten Mal, wirkte die zweite Gruppe ziemlich demotiviert. Die Kinder gaben sich kaum Mühe und verloren schnell die Lust ...

Die Botschaft ist klar: Materielle Belohnungen verderben den Charakter! Wer daran gewöhnt ist, Dinge gegen Belohnung zu tun, der tut sich anschließend sehr schwer damit, das Gleiche ohne Belohnung zu tun. Ganz offensichtlich ist die Verbindung von Hilfsbereitschaft und materieller Belohnung nicht von Natur aus in unserem Gehirn angelegt. Stattdessen werden wir in unserer Kindheit so erzogen, dass wir uns daran gewöhnen.

- *Was meinst du, Oskar, warum waren die Schulkinder, die das Papier für die Kinder im Krankenhaus sortiert haben, eher bereit umsonst zu sortieren als die anderen Schulkinder, die ein Spielzeug fürs Sortieren bekommen hatten?*
- *Na, weil die hatten ja beim ersten Mal selbst auch nichts davon.*
- *Ja, jedenfalls keine materielle Belohnung. Nur vielleicht die Freude am Helfen. Aber, sag mal, ich verspreche dir ja auch manchmal Belohnungen. Fällt dir was ein?*
- *Dass ich einen Film gucken darf, zum Beispiel. Oder ein Tim-und-Struppi-Heft kriege.*

– *Ist das eigentlich gut, Oskar, dass ich dir so etwas verspreche, um dich zu motivieren? Also, wenn ich dir sage: Bei einer Eins in Mathe im Zeugnis, dann kriegst du ein Star-Wars-Lego, sagen wir: den Todesstern.*
– *Das ist eher 'ne schlechte Belohnung, weil es ist übertrieben.*
– *Warum ist das übertrieben?*
– *Weil der Todesstern kostet sehr viel Geld und ist riesig groß und das nur für eine Eins in Mathe.*
– *Weißt du, warum der Papa das niemals machen würde?*
– *Weil – der Todesstern wäre zu teuer.*
– *Teuer schon, aber vielleicht nicht zu teuer. Ich habe noch einen wichtigeren Grund dabei. Du würdest doch zum Beispiel gerne ein toller Fußballer werden. Warum eigentlich? Wegen mir, um mich zu beeindrucken?*
– *Nein, nicht.*
– *Sondern?*
– *Sondern, weil ich es selber will.*
– *Weil du dir vorstellst, dass es toll für dich sein würde, ein super Fußballer zu sein?*
– *Ja, genau. Das wäre toll.*
– *Es gibt also noch einen zweiten Grund, warum man sich anstrengt: weil man es selber will.*

Wir haben also eine neue philosophische Einsicht:

Es gibt zwei verschiedene Gründe, warum man motiviert ist, etwas zu tun. Einmal, weil man es selbst will. Und ein anderes Mal, weil man dafür belohnt wird. Wird man aber immer belohnt, so kann es sein, dass man irgendwann gar nicht mehr weiß, was man selbst will.

Manchmal geht es bei dem, was wir tun, auch gar nicht um Belohnungen. Sondern es geht darum, dass andere uns bestrafen, wenn wir etwas nicht tun. Zum Beispiel, wenn wir uns an wichtige Regeln des Zusammenlebens nicht halten. Etwa, weil wir gegenüber anderen unfair sind. Aber was ist das eigentlich – »fair« sein? Um über diese Frage nachzudenken, gehen wir morgen zu einem anderen Ort, an dem man sich als Kind so richtig austoben kann ...

= *Was ist fair?*

# Auf dem »Kolle 37«

*Was ist fair?*

Unter allen Spielplätzen, die Oskar in Berlin kennt, gibt es einen absoluten Lieblingsort: Es ist der »Kolle 37«. Sein Name kommt daher, weil er sich auf dem Gelände der Kollwitzstr. 37 befindet, am Prenzlauer Berg. Es ist kein Spielplatz wie jeder andere, sondern ein perfekter Abenteuerspielplatz. Schon in der Zeit der DDR standen hier Spielwagen, in denen die Kinder herumtoben konnten. Ein Jahr nach dem Fall der Mauer gründete sich ein Verein und sorgte dafür, dass ein Spielplatz für Kinder geschaffen wurde, an dem sie sich frei ausleben, basteln und bauen können. Es sollte kein fertiger Spielplatz sein, sondern die Kinder sollten sich den Ort selbst gestalten. Auf dem Baugelände haben Erwachsene keinen Zutritt.

Nur ein oder zwei Betreuer kümmern sich ein wenig um sie, geben ihnen Baumaterial und Ratschläge. Mit Brettern und Hammer, Nägeln und Sägen ausgerüstet, gehen die Kinder hier selbst zu Werke. Das bisherige Ergebnis sind tolle Hütten, die meisten sogar mehrstöckig. Wer nicht bauen will, kann hier prima das Pippi-Langstrumpf-Spiel spielen: »Keiner darf den Boden betreten«. Von einer Hütte zur anderen zu klettern, ohne auf den Boden zu kommen, ist Oskars Lieblingsspiel. Dazu gibt es noch viele weitere Angebote: Es gibt eine Feuerstelle, man kann kochen und backen, töpfern, schmieden, tischlern, filzen und weben. Auch Tiere gibt es, die man als »Pate« betreuen kann: Meerschweinchen, Hasen und Kaninchen. Der Verein, der sich um den Kolle 37 kümmert, möchte den Kindern damit helfen, dass sie Verantwortung lernen. Denn verantwortlich ist man hier als Kind für vieles. Nicht nur dafür, dass die Tiere gefüttert sind und die Ställe gereinigt – man muss auch sehen, dass man mit den anderen Kindern klarkommt und sich nicht um das Baumaterial streitet oder sich an den Hütten vergreift, an denen die anderen Kinder arbeiten. Kurz gesagt: Die Mütter und Väter, die sich um den Bauspielplatz kümmern, möchten, dass es hier fair zugeht. Aber was heißt das eigentlich – »fair«?

– *Weißt du, was das Wort »fair« bedeutet?*
– *Also, unfair ist zum Beispiel, wenn es zwanzig Fußballspieler gibt, bei denen zehn gut sind und zehn schlecht. Und die guten spielen dann zusammen gegen die schlechten.*
– *Du meinst, FC Barcelona gegen 1. FC Köln – das ist unfair?*
– *Ja, wenn nur gute gegen nur schlechte spielen. Das wäre zum Beispiel ganz, ganz unfair.*
– *Ja, das wäre unfair. Aber woher wissen Menschen eigentlich, was fair ist und was nicht? Goldfische wissen das doch bestimmt nicht. Menschen dagegen schon.*
– *Na ja, aber nicht alle Menschen sind ja fair ...*
– *Könnten denn alle Menschen fair sein? Ist da etwas im Menschen drin, das einen fair macht?*
– *Glaub ich nicht, Papa.*
– *Nun, dann erzähle ich dir eine Geschichte ...*

Sind Menschen von Natur aus »fair«? Ein Mann, der sich mit dieser Frage ganz lange beschäftigt hat, ist der Niederländer Frans de Waal. Er ist ein Verhaltensforscher und beobachtet Affen. Denn wenn unsere nächsten Verwandten im Tierreich etwas können, vielleicht können wir das dann auch. Seine berühmtesten Experimente machte er vor zehn Jahren – und zwar mit Kapuzineraffen. Unter den Affen Südamerikas sind sie die Stars.

Die flinken Baumbewohner des Amazonas-Regenwaldes sind besonders langlebig. Mit annähernd fünfzig Jahren werden sie in etwa so alt wie Menschenaffen. Die Größe und das Gewicht ihrer Gehirne sind außergewöhnlich. Und sie sind sehr freundlich und friedlich. Kein Wunder, dass sie bei Menschen seit langer Zeit beliebt sind: als Heimtiere, als Begleiter von Drehorgelspielern, als Filmstars und als Helfer für körperbehinderte Menschen.

De Waal und seine Kollegin Sarah Brosnan wollten herausfinden, ob Kapuziner erwarten, dass es im Umgang mit ihnen *fair* zugeht. Sie setzten jeweils zwei Affen in einen Käfig. Am Anfang war die Welt für die Kapuziner noch in Ordnung. Die Forscher warfen ihnen Spielmarken in den Käfig. Gaben die Äffchen diese Marken zurück, so erhielten sie dafür ein Stückchen Gurke oder eine Weintraube. Gurken schmecken für Kapuzineraffen so lala. Weintrauben dagegen schmecken großartig. Die meisten Menschen sehen das sicher ähnlich. Bekam man eine Weintraube, hatte man Glück. Bekam man eine Gurke ... Na ja.

Dann machten die Forscher eine neue Reihe von Versuchen. Und diesmal wurden sie ungerecht. Denn dieses Mal bekam der eine der beiden Affen für seine Marken immer ein Gurkenstück. Der andere dagegen bekam jedes Mal eine viel schmackhaftere Weintraube. Der mit dem Stück Gurke Abgespeiste konnte genau beobachten, wie sein Kumpan für dieselbe Leistung, die Marke zurückzugeben, eine viel größere Belohnung bekam.

Was passierte? Schon nach kurzer Zeit verlor der Affe mit den langweiligen Gurkenstückchen sichtbar die Lust. Er weigerte sich weiter mitzuspielen. Die Marken blieben jetzt einfach im Käfig liegen. Stinksauer wurde er dann, als er mit ansehen musste, wie sein Gefährte mit Weintrauben gefüttert wurde, ohne etwas dafür zu tun. Während er selbst weiter für Gurken arbeiten musste. Da begann der Zu-kurz-Gekommene ein wildes Gekreische und fing an, mit seinen Spielmarken die blöden Forscher zu bewerfen.

Wie konnte ein Stück Gurke, das vorher noch recht begehrt gewesen war, in so kurzer Zeit seinen Wert verlieren? Ganz offensichtlich verglichen die Tiere ihre eigene Belohnung mit der Belohnung der anderen. Und sie schienen zu erwarten, dass sie für die gleiche Tätigkeit auch den gleichen Lohn erhalten sollten. Als dies nicht mehr der Fall war, stieg in ihnen ein Gefühl des Unmuts auf – das Gefühl, »unfair« behandelt worden zu sein.

Kapuzineraffen sind nicht unsere nächsten Verwandten. Aber dennoch können wir aus ihrem Verhalten etwas lernen. Auch sie haben ein Gefühl dafür, wie andere sie behandeln sollten. Wenn wir Menschen etwas als »ungerecht« empfinden, dann ist das etwas, was Affen auch kennen. Mit anderen Worten heißt das: Etwas ungerecht oder unfair zu finden liegt in unserer Natur.

Und doch gibt es einen wichtigen Unterschied: Die Kapuziner hatten zwar einen feinen Sinn dafür, was unfair ist. Aber wissen sie deshalb wirklich schon, was fair und gerecht ist?

Wäre es nicht fair gewesen, wenn der Affe, der mit Weintrauben gefüttert wurde, dem anderen Affen die Hälfte seiner Trauben abgegeben hätte? Aber kein einziges Äffchen hat freiwillig geteilt! Wir Menschen tun das, zumindest einige von uns. Kapuziner tun das nicht. Das ist ein Unterschied. Anders als wir haben die Äffchen zwar einen Sinn für *Unfairness* – aber sie haben keinen Sinn für *Fairness*!

- *Was hältst du davon? Wissen Kapuzineraffen, was fair ist?*
- *Ich glaube, ja.*
- *Meinst du denn, dass ein Gefühl für Unfairness das Gleiche ist wie ein Gefühl für Fairness?*
- *Der Affe mit den Gurken findet das unfair. Aber der Affe mit den Weintrauben findet das ganz O. K.*
- *So sehe ich das auch. Wenn der Affe, der mit den Weintrauben gefüttert wird, ohne dass er etwas dafür tun muss, ein Gefühl für Fairness hätte, was würde er dann wohl tun?*
- *Dann würde der Affe mit den Weintrauben zwar nicht alle Weintrauben abgeben, aber ein paar.*

*– Eben. Weißt du, woran mich das erinnert?*
*– Nein.*
*– An unsere Kissenschlachten. Als du fünf Jahre alt warst, haben wir immer abends im Bett getobt. Und wenn ich dabei in einer guten Position war und dich ordentlich mit dem Kissen verdroschen habe, weißt du, was du da geschrien hast?*
*– Hmm?*
*– »Papa, das ist unfair!!!« Und weißt du, was für dich fair war? – Wenn du in der besseren Position warst!*

Was wir unfair finden, das wissen wir bereits mit fünf Jahren. In diesem Alter sind wir wie die Kapuzineraffen. Wir merken, wenn uns jemand ungerecht behandelt. Aber was fair ist, das lernen wir erst danach. Im Kindergarten und in der Schule lernen wir, dass das, was wir unfair finden, von anderen Kindern bei sich auch als unfair empfunden wird. Und erst dann, wenn wir das kapieren, lernen wir faires Verhalten. Manches lernen wir auch später noch dazu. Aber nicht alle Menschen werden später ganz fair und gerecht. Menschen, die genauso sensibel und fair gegenüber anderen sind wie zu sich selbst, sind auch als Erwachsene vermutlich überall in der Welt sehr selten.

Unsere nächste philosophische Einsicht lautet:

Menschen haben ein angeborenes Gefühl für das, was sie sich selbst gegenüber unfair finden. Aber erst später lernen sie, dass andere Menschen genauso behandelt werden wollen wie sie selbst – falls sie es denn überhaupt richtig lernen.

Dass Menschen in der Lage sind, fair zu sein, ist sehr schön. Aber sollen wir eigentlich nur gegenüber Menschen fair sein? Müssen wir nicht auch versuchen, gegenüber anderen Lebewesen fair zu sein – zum Beispiel gegenüber Tieren?

= *Darf man Tiere essen?*

## Vor Konnopkes Würstchenbude

*Darf man Tiere essen?*

Wer erfand die Currywurst? Eine schwierige Frage. Die einen meinen, die Wurstverkäuferin Lena Brücker hätte sie erfunden – in Hamburg. Die anderen meinen, Herta Heuwer sei die Erfinderin – in Berlin. Fest steht nur, wer die erste Imbissbude führte, die in Ost-Berlin Currywurst verkaufte. Das waren Max Konnopke und seine Frau Charlotte. Im Jahr 1960 erfanden sie ihre Ostberliner Currywurst nach eigenem Rezept. Zuvor hatten sie als junge Leute Wurst in einem Bauchladen angeboten und sich nachts als »Wurstmaxe« an die Straße gestellt. Denn Wurst in einem Bauchladen zu verkaufen, war tagsüber verboten. Im Krieg, als es kaum Fleisch gab, hatten sie Kartoffelpuffer gebacken. Nach dem Krieg leisteten sich die Konnopkes einen Wurstwagen unter den S-Bahngleisen an der Ecke Schönhauser Allee und Danziger Straße. Ihr Sohn Günter, der eine Stelle bei einem Fleischer in West-Berlin antrat, entdeckte dort etwas, was man im Osten der Stadt noch nicht kannte: die Currywurst! Und so kam es, dass Konnopkes die Ostberliner Currywurst nach streng gehütetem Familienrezept herstellten. Im Osten der Stadt wurde die Würstchenbude zur Attraktion. Und Waltraud, Günters Tochter, war so etwas wie die »Mutter der Kompanie« am Prenzlauer Berg. Bis zu ihrem Tod 2009 stand die alte Dame in der Bude und verkaufte die berühmte Currywurst.

Nach dem Spielen auf dem Bauspielplatz ist Oskar jetzt richtig hungrig. Und so steuern wir die Schönhauser Allee an und leisten uns eine Wurst. Heißhungrig stehen wir am Imbissstand und vertilgen unser Essen. Doch auch hierzu kann man eine philosophische Frage stellen. Ist das eigentlich richtig, was wir hier tun? Wurst essen? Ist Wurst nicht aus Schweinefleisch gemacht? Und sollten einem die armen Schweine nicht leidtun? Wie wäre es dazu mit einer kleinen Geschichte ...?

Stell dir vor, eines Tages landen fremde Wesen aus dem All auf unserem Planeten. Wesen wie in dem Hollywood-

Spielfilm *Independence Day*. Sie sind unglaublich intelligent und dem Menschen weit überlegen. Doch dieses Mal steht kein todesmutiger Präsident im Kampfflugzeug zur Verfügung. Und auch kein verkanntes Genie legt die außerirdischen Computer mit irdischen Viren lahm. Stattdessen haben die Aliens die Menschheit in kürzester Zeit besiegt und eingesperrt. Eine beispiellose Terrorherrschaft beginnt. Die Außerirdischen benutzen die Menschen zu medizinischen Versuchen, fertigen Schuhe, Autositze und Lampenschirme aus ihrer Haut, verwerten ihre Haare, Knochen und Zähne. Außerdem essen sie die Menschen auf, besonders die Kinder und Babys. Sie schmecken ihnen am besten, denn sie sind so weich, und ihr Fleisch ist so zart.

Ein Mensch, den sie gerade aus dem Kerker holen, um ihn zu schlachten und Wurst aus ihm zu machen, schreit die fremden Wesen an:

»Wie könnt ihr so etwas tun? Seht ihr nicht, dass wir Gefühle haben, dass ihr uns weh tut? Wie könnt ihr uns unsere Kinder wegnehmen, um sie zu töten und zu essen? Seht ihr nicht, wie wir leiden? Merkt ihr denn gar nicht, wie unvorstellbar grausam und barbarisch ihr seid? Habt ihr denn überhaupt kein Mitleid?«

Die Außerirdischen nicken.

»Ja, ja«, sagt einer von ihnen. »Es mag schon sein, dass wir ein bisschen grausam sind. Aber seht ihr«, fährt er fort, »wir sind euch eben überlegen. Wir sind intelligenter als ihr und vernünftiger. Wir können lauter Dinge, die ihr nicht könnt. Wir sind eine viel höhere Tierart, viel weiterentwickelt als ihr. Na ja, und deshalb dürfen wir halt alles mit euch machen, was wir wollen. Seht euch mal unsere phantastische Kultur an! Unsere Raumschiffe, mit denen wir in Lichtgeschwindigkeit fliegen können. Und dann guckt auf euer jämmerliches Dasein! Verglichen mit uns ist euer Leben kaum etwas wert. Außerdem, selbst wenn unser Verhalten irgendwie nicht ganz in Ordnung sein sollte, wegen eurer Schmerzen und eurer Ängste – eines ist doch viel wichtiger für uns: Ihr schmeckt uns halt so gut!«

- *Was hältst du davon, Oskar? Findest du, dass man das vergleichen kann? Die Menschen benehmen sich gegenüber den Tieren genauso grausam wie die Aliens in der Geschichte gegenüber den Menschen?*
- *Ja, vielleicht.*
- *Und wenn das stimmt, dürfen wir dann eigentlich noch Tiere essen? Ist das nicht unfair und gemein?*
- *Manche Tiere esse ich ja auch nicht, Papa. Oktopus zum Beispiel oder Kalmare.*
- *Warum nicht? Schmecken die dir nicht?*
- *Nein, weil ich finde, man kann nicht so schöne, kluge und elegante Tiere essen.*

– *Andere Tiere, meinst du, kann man aber schon essen?*
– *Zum Beispiel 'ne Kuh.*
– *Warum 'ne Kuh?*
– *Kühe sind nicht so schlau und so intelligent und auch nicht so schön. Wenn du 'nen Oktopus mit 'ner Kuh vergleichst – als Haustier würdest du den Oktopus nehmen.*
– *Und ein Haustier würdest du eben nicht essen.*
– *Nein, niemals, Papa.*
– *Also würdest du sagen: Die Gründe, warum man bestimmte Tiere nicht essen darf, sind ihre Intelligenz und ihre Schönheit. Aber mit der Schönheit ist das so eine Sache. Was macht man, wenn jemand Oktopusse nicht schön findet ...?*
– *Nicht alle essen ja auch keine Kraken.*
– *Eben. Würdest du denn, wenn du es könntest, das Essen von Tintenfischen verbieten lassen?*
– *Wenn alle damit einverstanden sind, fände ich das gut.*
– *Der wichtigste Grund, warum man bestimmte Tiere nicht essen sollte, ist also ihre Intelligenz?*
– *Ja, Papa.*
– *Gut. Also, keine Wale essen, keine Menschenaffen, keine Affen, keine Kraken ...*
– *Und Haie würde ich auch nicht essen. Und keine Elefanten.*

- *Schweine sind aber auch ziemlich schlau. Und Würstchen aus Schweinefleisch isst du schon.*
- *Aber du isst auch Schwein, Papa!*
- *Sehr trickreich von dir. Nur weil der Papa ab und zu auch mal Schweinefleisch isst, muss es ja nicht richtig sein ... Wenn ich keine Schweine mehr essen würde, würdest du es dann auch nicht tun?*
- *Na ja, Schweine schmecken ja eigentlich schon lecker ...*
- *Die Menschen in der Geschichte schmecken den Aliens auch gut.*
- (Denkt lange nach) *Eigentlich hast du recht.*
- *Jetzt drehen wir mal die Rollen um. Ich versuche jetzt mal das Fleischessen zu verteidigen. Wenn unsere Vorfahren in der afrikanischen Savanne kein Fleisch gegessen hätten, wären sie wahrscheinlich ausgestorben. Es gab nicht genug Früchte und Pilze und was man sonst so essen konnte. In der Steinzeit haben sie Auerochsen und Mammuts gejagt und ihr Fleisch verzehrt. Und später haben Hirten und Bauern Schafe und Ziegen, Rinder und Schweine gezüchtet, um sie zu essen. Die Menschen der Vorzeit und auch viele Naturvölker hätten niemals überlebt, wenn sie sich nicht unter anderem auch von Fleisch ernährt hätten. Von Natur aus ist der Mensch*

*zwar kein Raubtier, aber ein Allesfresser wie zum Beispiel ein Bär ...*
– *Oder ein Dachs.*
– *Genau. Ist das nicht ein überzeugender Grund, warum wir Fleisch essen dürfen? Ich könnte sagen: Die Natur hat uns so gemacht.*
– *Aber heute müssen wir kein Fleisch mehr essen. Es gibt Gemüse, Obst, Nudeln und Tofu ...*
– *Das stimmt, wir beide müssen kein Fleisch essen. Nur die Inuits am Polarkreis, die müssen Robben jagen, sonst verhungern sie.*
– *Aber in Deutschland nicht, Papa.*
– *Ja. Aber was sollen wir jetzt tun?*
– *Manche Tiere, finde ich, kann man essen. Und andere eher weniger.*
– *Aber wo ist die Grenze?*
– *Schwein, finde ich, ist an der Grenze. Was man essen kann: Kuh, Schaf, Ziege, all die Bauernhoftiere – außer Pferd!*
– *Pferde sind aber ziemlich dumm. Warum isst du sie trotzdem nicht?*
– *Weil sie schön sind.*
– *Jetzt sage ich mal was Fieses: Menschen darf man nicht töten, da sind wir uns einig. Macht es dabei einen Unterschied, ob du einen Menschen schön findest oder hässlich?*
– *Nein.*

- *Warum machst du diesen Unterschied dann bei den Tieren?*
- *Weil bei den Tieren handelt es sich ja um verschiedene Arten. Um Oktopus oder Pferd oder Schwein.*
- *Der Grund, warum man keine Menschen töten darf, ist aber nicht nur, weil sie intelligent sind oder schön – sondern, weil sie leben wollen. Und weil sie leiden können und Töten ihnen sehr weh tut. Guck mal, ein neugeborener Säugling hat weniger Verstand als ein Schwein. Und trotzdem dürfen wir ihn nicht essen. Oder wir dürfen den Säugling nicht zu Versuchen für die Wirkung eines neuen Shampoos missbrauchen. Und wenn du siehst, wie ein junges Kälbchen auf der Wiese herumspringt: Dann ist es zwar nicht superschlau, aber bestimmt sehr glücklich.*
- *Ich esse ja auch keine Tierkinder, Papa.*
- *Ich finde, die Frage, mit der wir uns hier beschäftigen, ist wirklich sehr schwer. Merkst du das auch?*
- *Ja, das finde ich auch.*
- *Vielleicht sollten die Menschen zunächst einmal weniger Fleisch essen. Darauf können wir uns bestimmt einigen. Die Menschen essen ja nur deshalb heute so viel Fleisch, weil Fleisch viel billiger ist als früher. Dafür leben die Schweine*

*und die Kälber heute in riesigen Ställen, fast ohne Licht. Sie werden in Tierfabriken gehalten und haben ein ganz schreckliches Leben. Auch die Hühner stecken zu Tausenden in engen Käfigen. Findest du das richtig und gut?*
- *Dass die so allein in einem engen Käfig sind? Ganz bestimmt nicht! Man muss sich mal überlegen, wie das ist, wenn man selbst in so einem engen Käfig steckt ...*
- *Das wäre das Mindeste, was man verbieten müsste?*
- *Ganz unbedingt!*
- *Dafür müssen die Menschen dann aber viel weniger Fleisch essen. Vielleicht machen manche dann eine Grenze und essen nur noch bestimmte Tiere. Und andere essen vielleicht gar keine mehr und werden Vegetarier. Dann kann man nämlich ganz sicher sein, dass man nicht etwas Falsches tut ...*

Unsere restliche Currywurst ist längst auf dem Teller liegen geblieben. Appetit darauf haben wir beide nicht mehr. Es wird Zeit für unsere nächste philosophische Einsicht:

**Der Wert eines Lebens hängt nicht einfach davon ab, wie schön oder intelligent jemand ist. Jedes Lebe-**

wesen, das Freude, Glück, Angst und Schmerz empfinden kann, sollte respektiert werden. Wenn man gründlich darüber nachdenkt, dann wird man wohl sagen müssen, dass die Argumente gegen das Fleischessen wahrscheinlich besser und einleuchtender sind als die Argumente, die dafür sprechen.

Jetzt haben wir aber schon ein Thema gestreift, über das wir bislang noch gar nicht nachgedacht haben: über das Glück ...

Mein Glück & Ich

# In Sanssouci

*Warum haben Menschen Sorgen?*

Heute machen Oskar und ich einen weiteren Ausflug nach Potsdam. Wir wollen uns das Schloss und den Park von Sanssouci anschauen. Oskar liebt Geschichten von Königen, von alten Kriegen und vom Leben in früheren Zeiten. Wenn man an einem Wochentag durch die Gärten geht, kommt man sich manchmal tatsächlich wie in einer ganz anderen Zeit vor. Der Park ist so riesig, dass man nur wenige andere Menschen trifft. Und immer wieder gibt es etwas zu entdecken. Hinter einer Hecke taucht plötzlich eine Gruppe mit Steinfiguren, ein kleiner Palast oder ein Teehaus auf. Und in den uralten Bäumen nisten Habichte, Bussarde und Sperber. Wenn Oskar so durch den Park späht, denkt er gerne an eines seiner Lieblingskinderbücher: »Kasperle auf Burg Himmelhoch«. Er hat sich oft vorgestellt, wie es ist, in einer früheren Zeit zu leben, als es noch Könige gab und Herzöge und Grafen. Zum Beispiel, wie es ist, bei einem griesgrämigen Herzog am Hof leben zu müssen, wie das Kasperle in der komisch-traurigen Geschichte von Josephine Siebe. Wenn der Herzog im Kinderbuch mal wieder ungehalten über das Kasperle ist, schlechte Laune hat und es bestrafen will, hat Oskar oft gefragt: »Warum hat der Herzog immer so schlechte Laune?« Und: »Ist der Herzog böse?«

Tja, warum hat der Herzog so schlechte Laune? Vielleicht sollte ich Oskar von jenem König erzählen, der diese wundervollen Schlösser gebaut und bewohnt hat. Ein ganz berühmter König war das und einer, der ebenfalls oft schlechte Laune hatte. Der Name dieses Königs war: Friedrich der Große.

König Friedrich wurde im Jahr 1712 im Berliner Stadtschloss geboren, als ältestes von 14 Kindern. Sein Vater Friedrich Wilhelm war berüchtigt für seine Härte und Strenge. Er war nämlich jener »Soldatenkönig«, der auch den Palisadenzaun auf der Freundschaftsinsel errichten ließ. Und er liebte alles, was mit Soldaten zu tun hatte: Uniformen, harte Erziehung und Disziplin.

Sein Sohn Friedrich entsprach überhaupt nicht seinen Vorstellungen. Ein zartes Kind, weich und musisch veranlagt. So hatte sich der König von Preußen seinen Nachfolger nicht vorgestellt. Aus dem Land sollte ein mächtiges Reich werden mit einem starken Herrscher. Als Friedrich sechs Jahre alt war, griff sein Vater in die Erziehung ein. Er ließ ihm genau sieben Minuten, um zu frühstücken. Und dann begann ein Tag voll mit Vorschriften und viel zu lernen.

Friedrich dagegen entzog sich den Anweisungen seines Vaters, wo er nur konnte. Er ließ sich heimlich Bücher besorgen, Romane und Literatur über Kunst und Musik. Und er begann damit, Flöte spielen zu lernen. Als sein Vater davon erfuhr, eskalierte der Streit. Immer wieder verprügelte der Vater den Sohn und verhängte brutale Strafen. Als 18-Jähriger versuchte Friedrich bei Nacht und Nebel zu fliehen. Doch der Fluchtversuch scheiterte. Eine Zeitlang überlegte Friedrich Wilhelm, seinen eigenen Sohn zum Tode zu verurteilen. Stattdessen aber ließ er dessen besten Freund hinrichten, weil der die Ausreißpläne nicht verpetzt hatte. Das Todesurteil wurde vor Friedrichs Augen vollstreckt.

Um den Vater zu besänftigen, heiratete Friedrich eine Prinzessin, die Friedrich Wilhelm für ihn bestimmt hatte. Glücklich waren die beiden miteinander nie.

Als junger Mann lebte Friedrich auf Schloss Rheinsberg, einer Wasserburg hundert Kilometer von Berlin entfernt. Hier, weit weg von seinem Vater, verbrachte er die glücklichsten Jahre seines Lebens. Er beschäftigte sich mit Literatur, Musik, Kunst und Philosophie. Und er schrieb ein Buch darüber, wie ein anständiger König sich gegenüber anderen Menschen zu verhalten habe.

Nur kurze Zeit später hatte Friedrich die Chance zu beweisen, dass er es besser machen würde als andere Könige. 1740 starb sein verhasster Vater, und Friedrich wurde König von Preußen. Sofort setzte er die erste seiner Ideen um: Er verbot es, in Preußen Menschen zu foltern. Im nächsten Schritt erklärte er, dass es in seinem Land völlig egal sein sollte, welche Religion jemand hat. Für die damalige Zeit, in der wegen Glaubensfragen heftig gestritten und gekämpft wurde, ein großer Schritt. Allerdings galt diese Regel nicht für die Juden, die in Preußen weiterhin ein schweres Leben hatten.

Auch in einer anderen Hinsicht wurde der neue König schnell zur Enttäuschung. Hatte er es nicht zur wichtigsten Regel eines Königs erklärt, den Frieden zu bewahren? Kaum sechs Monate im Amt, überfiel Friedrich mit seiner Armee Schlesien. Das Gebiet gehörte damals zu Österreich. Nach fünf Jahren Krieg war Schlesien in preußischer Hand.

Als siegreicher Feldherr machte sich Friedrich daran, einen Traum zu erfüllen. So glücklich, wie er als junger Mann in Rheinsberg gewesen war, so glücklich wollte er wieder werden. An einem Ort der Schönheit, der Ruhe und der Kunst. In Potsdam ließ er sich ein kleines Sommerschloss nach eigenen Zeichnungen bauen. Und der Name dafür war: *Sanssouci*. Ein französisches Wort. Auf Deutsch bedeutet es: »ohne Sorge«.

Inmitten des heutigen Potsdamer Parks ließ Friedrich 1744 einen Weinberg errichten, gegliedert in sechs Terrassen. Und oben drauf kam das Schloss. Auch wie und wo er seine ewige Ruhe finden wollte, schrieb der gerade 32-jährige König genau auf: Er wollte hinter seinem Schloss begraben werden, auf der obersten Stufe seiner Weinterrassen. Von hier aus hatte man einen phantastischen Blick über den Park. Mit ihm in die Gruft sollten nur seine Lieblingshunde kommen. »Ich habe als Philosoph gelebt und will als solcher begraben werden.« Er wollte kein großes Begräbnis, keinen feierlichen Pomp und Prunk. Nur der Schein einer einzigen Laterne sollte ihn auf dieser letzten Reise begleiten.

Doch das Leben des Königs verlief ganz anders als geplant. Zwar verbrachte Friedrich in den Sommermonaten viel Zeit in Sanssouci, aber ein Ort ohne Sorgen wurde das Schloss nicht. Zu seinen Erfolgen gehörte, dass der König der Bevölkerung mehr Rechte gab. Er gründete mehrere hundert Schulen. Und er setzte durch, dass in seinem Staatsgebiet Kartoffeln angebaut wurden. Doch mit dem berühmten französischen Philosophen Voltaire, der zwei Jahre sein Gast war, kam es fast nur zum Streit. Und der König, der schon zu Lebzeiten den Beinamen »der Große« erhielt, wurde ein König der Kriege.

Er überfiel mit seinem Heer Sachsen und begann damit einen blutigen und mörderischen Krieg. Dieser Krieg dauerte insgesamt sieben Jahre. Nach drei Jahren stand Friedrich kurz vor einer vernichtenden Niederlage. In einem Brief von der Front schildert er seinen Zustand: »Meine Kleidung ist von Kugeln durchlöchert. Zwei Pferde wurden mir unter dem Leib erschossen, mein Unglück ist, dass ich noch am Leben bin. Unsere Niederlage ist enorm. Von einer Armee von 48 000 Mann habe ich keine dreitausend mehr. Indem ich dies schreibe, flieht alles, und ich bin nicht mehr Herr meiner Leute. Das ist ein grausamer Rückschlag, ich werde ihn nicht überleben. Ich habe keine Reserve mehr, und, um nicht zu lügen, ich glaube, dass alles verloren ist. Ich werde den Untergang meines Vaterlandes nicht überleben. Adieu für immer! Friedrich.«

Nur mit großem Glück gelang es Friedrich, das Blatt noch einmal zu wenden. Am Ende des Siebenjährigen Krieges stand Preußen besser da als vor dem Krieg. Aber der König hatte sich sehr verändert. Er, der einst die Künste und die Schönheit geliebt hatte, war ein schwer zugänglicher, eigensinniger Mann geworden. Seine Gesundheit war durch den Krieg stark angegriffen. Und sein sorgendurchfurchtes Gesicht zeigte kaum noch ein Lächeln. Seine Zeitgenossen nannten ihn nur noch den »Alten Fritz«.

Statt mit Menschen umgab sich der König lieber mit seinen Hunden. Auch das Schloss ließ er verkommen. Er gönnte es keinem Nachfolger und legte fest, dass es nur zu seinen Lebzeiten bestehen bleiben sollte. Im Sommer 1786 starb Friedrich im Alter von 74 Jahren. Doch der letzte Wunsch des Königs wurde nicht erfüllt. Kein Philosophenbegräbnis und auch kein letzter Blick über den Garten von Sanssouci!

Sein Nachfolger Friedrich Wilhelm II. hielt nicht viel von philosophischer Romantik. Er ließ Friedrich in der Garnisonskirche von Potsdam beisetzen. Seite an Seite ausgerechnet mit seinem ungeliebten Vater.

Aber die Geschichte ist damit noch nicht zu Ende. Während des Zweiten Weltkrieges wurden die Särge der Preußenkönige aus der Kirche geholt, um sie vor Bomben zu schützen. 160 Jahre nach Friedrichs Tod kam der Sarg zuerst in einen Bunker, dann in den tiefen Schacht eines Salzbergwerks und im Jahr 1952 auf die Burg Hohenzollern. Fast vierzig Jahre ruhte der König dort in einer Kapelle. Es schien für die Ewigkeit, denn Sanssouci lag mittlerweile auf dem Gebiet der DDR.

Erst nach der Vereinigung von Bundesrepublik und DDR konnte Friedrichs letzter Wille endlich erfüllt werden. Man brachte den Sarg des Königs nach Potsdam und versenkte ihn in der vorherbestimmten Gruft auf der Terrasse des Weinbergs. Wie hatte Friedrich als junger Mann, bei Baubeginn seiner Grabstätte, einmal gesagt? »Wenn ich da sein werde, werde ich ohne Sorge sein.«

Inzwischen sind wir am Grab des Königs angekommen. Versonnen schaut Oskar auf die einfache Grabplatte im Rasen, auf der nichts weiter steht als der Name des Königs.

- *Was denkst du über Friedrich den Großen?*
- *Es war schnell, wie er sich nach dem Krieg verändert hat.*
- *Warum meinst du, hat er sich so verändert?*
- *Weil er so viel Brutales gesehen hat.*
- *Nur gesehen? Wer hat denn den Siebenjährigen Krieg angefangen?*
- *Er selber!*
- *Kannst du dir vorstellen, was das für ein Gefühl sein muss? Schuld am Tod so vieler Menschen zu sein?*
- *Ich will nicht gerne so ein Gefühl haben.*
- *Dabei wollte der König doch eigentlich ein sorgenfreies Leben haben. Wenn ich dich jetzt frage: Warum hatte der König Sorgen? Was würdest du dann sagen?*
- *Er hatte Sorgen, den Krieg zu verlieren und dass seine Leute alle sterben. Das Leben war nicht sorgenfrei für ihn.*
- *Die Sorgen fingen ja nicht erst durch die Kriege an, die der König geführt hat. Denk doch mal an seine Kindheit und an seine Jugend. Sein Vater*

*hat ihn mehrfach verprügelt. Und sein bester Freund wurde vor seinen Augen hingerichtet, weil er Friedrich nicht verpetzt hatte.*
- *Das ist schrecklich. Das hat ihn kaputt gemacht ganz tief innendrin.*
- *Das glaube ich auch, Oskar. Wer viele schreckliche Dinge erlebt, der wird sie nie mehr ganz los. Denk mal an das, was wir über die verschlossene Schublade in unserem Kopf gelernt haben. Aber wie ist das bei dir? Machst du dir auch manchmal Sorgen?*
- *Wegen der Schule, manchmal. Aber ich versuche Sorgen eher aus meinem Kopf auszuschließen.*
- *Dann frage ich mal umgekehrt: Bist du immer glücklich?*
- *Nein, nicht immer.*
- *Warum nicht?*
- *Weil ich auf unserer Reise im Sommer Heimweh hatte.*
- *Kennst du jemanden, der immer glücklich ist?*
- *Nein.*
- *Warum meinst du, ist niemand immer glücklich?*
- *Jeder hat mal Sorgen, Papa. Und dann ist man manchmal unglücklich. Das ist nun mal so.*
- *Warum ist das so?*
- *Weil jeder macht sich über was Gedanken, und da macht man sich schon mal schlechte Gedanken.*

Ich glaube, da ist viel Wahres dran. Wer sich viele Gedanken macht, der hat auch leicht Sorgen. Wahrscheinlich liegt das daran, dass Menschen im Vergleich zu anderen Tieren so intelligent sind. Unsere Gehirne kommen sehr leicht aus dem Gleichgewicht. Wenn wir schlechte Gedanken haben, fließen viele chemische Stoffe durch unser Gehirn und sorgen dafür, dass wir unglücklich sind. Das Gleiche gilt natürlich auch für schöne Gedanken und chemische Stoffe, die uns glücklich machen. Aber so ganz in der Mitte sind wir eigentlich nur selten. Und deswegen können wir Menschen schon von Natur aus nicht immer glücklich sein. Selbst wenn alle unsere Wünsche in Erfüllung gehen, schützt uns das nicht vor schlechter Laune. König Friedrich der Große hatte fast alle seine Ziele erreicht: Er hat zwei große Kriege gewonnen, und vieles, was ihm wichtig war, hat er geschafft. Aber seine Ziele zu erreichen macht noch lange nicht glücklich. Unsere Einsicht heißt:

**Menschen sind so intelligent, dass sie nicht immer glücklich sein können. Denn unsere Gehirne sind oft im Ungleichgewicht. Selbst wenn man seine Wünsche erfüllt und seine Ziele erreicht, ist man nicht immer glücklich.**

Das, was Friedrich der Große in seinem Leben eigentlich gesucht hat, hat er nicht gefunden: seinen Seelenfrieden. Was er wollte, war ein sorgloses Leben inmitten von schönen Dingen. Aber was sind das eigentlich – schöne Dinge?

= *Was ist Schönheit?*

# Im Neuen Museum

*Was ist Schönheit?*

An diesem Morgen besuchen Oskar und ich die Museumsinsel. Wie ein Stück altes Griechenland liegen die Museen mitten in der Stadt. Die Spree fließt mit ihrem grünen Wasser langsam vorbei, und alles wirkt sehr idyllisch und zeitlos.

Unser Ziel ist das Neue Museum und seine besondere Attraktion, die Büste der Pharaonen-Gattin Nofretete. Das Gebäude war lange Zeit nur eine Ruine und wurde erst vor wenigen Jahren wieder aufgebaut. Heute ist es eine sehr gelungene Mischung aus alter und neuer Architektur und selbst ein Kunstwerk. Wenn man hindurchgeht, braucht man eigentlich gar keine alte griechische, römische und ägyptische Kunst mehr – so schön ist das Museum selbst.

Aber Oskar will natürlich die berühmte Nofretete sehen. Obwohl heute im Museum nicht zu viel los ist, müssen wir vor dem Saal im zweiten Stock anstehen. Nur wenige Besucher auf einmal dürfen hinein. Also unterhalten wir uns über die sagenumwobene Herrscherin Ägyptens und ihre ebenso bekannte Büste …

Gefunden wurde die Büste der Nofretete in Tell el-Amarna am Ostufer des Nils in Mittelägypten. Hier hatte sich der Pharao Echnaton eine neue Stadt bauen lassen: Achet-Aton. Echnaton war ein sehr bedeutender Pharao. Er erklärte, dass es in Wahrheit gar nicht so viele verschiedene Götter gäbe, sondern nur einen einzigen: den Sonnengott Aton. Seine Frau Nofretete regierte möglicherweise ziemlich gleichberechtigt an seiner Seite. Zumindest scheint es, als ob sie den Rang einer Hohepriesterin hatte. Auch ihr Sohn Tutanchamun wurde sehr berühmt. Nicht, weil er ein bedeutender Herrscher war – sondern deshalb, weil man später sein Grab mit allen seinen Schätzen im Tal der Könige finden sollte.

In der Zeit, als Echnaton Pharao war, kam es in Ägypten zu vielen heftigen Auseinandersetzungen. Die mächtigen Priester der alten Hauptstadt Theben wehrten sich gegen den neuen Aton-Kult. Und Echnaton ließ sie verfolgen. Zudem drohte dem ägyptischen Reich eine mächtige Konkurrenz im Osten: die Hethiter, ein kriegerisches

Volk aus der späteren Türkei, waren dabei, ein Großreich zu errichten, und bedrohten damit die Vormachtstellung Ägyptens. Nach siebzehn Jahren Herrschaft starb Echnaton unter ungeklärten Umständen. Auch das Schicksal Nofretetes ist unbekannt.

Dem Vergessen entrissen wurde die Gattin des Pharao, als deutsche Archäologen im Jahr 1912 in Amarna ihre Büste fanden. Seit 1920 ist sie in Berlin, und die Berliner meinen, dass sie inzwischen eigentlich eine Berlinerin ist. Die Ägypter dagegen sehen dies ganz anders und fordern immer wieder, dass die Büste der Nofretete unbedingt an Ägypten zurückgegeben werden sollte.

Der Grund für den Streit ist schnell benannt. Zwar ist die Büste der ägyptischen Herrscherin nicht einmal einen halben Meter hoch und gerade einmal zwanzig Kilo schwer – aber sie ist unermesslich wertvoll. Die Versicherung schätzt ihren Wert auf 300 Millionen Euro!

Ein Grund für ihren Wert ist der gute Erhaltungszustand der Büste, der nur das linke Auge fehlt. Aber das ist natürlich nicht alles. Denn um den Kalksteinkopf der Pharaonin ranken sich viele Geschichten, Mythen und Legenden. Schon ihr Name weist auf ihre sagenhafte Schönheit hin. »Nofretete« heißt nämlich – »Die Schöne ist gekommen«.

Das schlanke Gesicht der Ägypterin mit den hohen Wangenknochen und den ebenmäßigen Gesichtszügen faszinierte seither viele Menschen. Kaiser Wilhelm II. ließ für seine Privaträume eine Kopie der Büste anfertigen. Und als er nach dem Ersten Weltkrieg abdanken musste, nahm er sie mit in die Niederlande ins Exil. Auch Adolf Hitler war von Nofretete so begeistert, dass er sich eine Kopie machen ließ. Und einige meinen sogar, die Büste im Neuen Museum sei gar nicht das Original, sondern selbst eine Kopie ...

Nun wird es aber Zeit, dass wir in den Saal dürfen, um Nofretete endlich von Nahem zu sehen. Nur noch wenige Minuten, und dann ist es so weit. Ehrfürchtig treten Oskar und ich zu dem Glaskasten in der Mitte des Raumes, in dem sie ausgestellt ist.

- *Nun, Oskar, wie findest du sie?*
- *Nicht so besonders.*
- *Sie gefällt dir nicht?*
- *Doch schon. Aber so ganz besonders finde ich die nicht.*
- *Aber alle sagen, dass sie so unheimlich schön ist.*
- (Oskar überlegt) *Mama ist viel schöner!*

Einige Zeit später sind wir wieder auf der Straße. Wir machen noch einen Spaziergang von der Museumsinsel zur Straße »Unter den Linden«. Auf der anderen Straßenseite ist eine riesige Grünfläche. Hier stand früher einmal das Stadtschloss und später, zu Zeiten der DDR, der Palast der Republik. Jetzt steht dort ein provisorisches Gebäude, die »Humboldt Box«. Wenn man mit dem Fahrstuhl nach oben fährt, hat man von dort einen phantastischen Blick über die Stadt. Wir setzen uns auf die Terrasse, trinken etwas und genießen die Aussicht.

- *Ich komme noch mal auf die Nofretete zurück. Du findest sie also nicht schön.*
- *Nicht sooo schön, Papa.*
- *Was gefällt dir denn? Zum Beispiel die vielen Gebäude hier, sagen wir, die Kirchen. Welche von denen findest du schön?*
- *(Oskar überlegt) Am schönsten finde ich die Synagoge.*
- *Warum? Was hat sie, was die anderen Kirchen nicht haben?*
- *Weil die so was Goldenes hat. Am zweitschönsten ist der Dom, dann die Zionskirche, dann die Sophienkirche und dann die anderen. Und welche Kirchen findest du am schönsten, Papa?*
- *Hmmm. Ich glaube, auch die Synagoge und dann vielleicht die Sophienkirche. Der Dom gefällt mir nicht so. Der ist zwar groß, aber er sieht eigentlich gar nicht wie eine Kirche aus. Ich finde ihn eigentlich auch ziemlich überladen und kitschig ...*
- *Ich finde ihn gut, Papa.*

- *Da siehst du mal, wie unterschiedlich man das mit der Schönheit sehen kann. Weißt du, woran das liegt?*
- *Keine Ahnung.*
- *Schau mal dieser Terrassen-Tisch hier. Was würdest du sagen, wie der aussieht?*
- *Weiß. Und so rundeckig. Also eckig mit abgerundeten Ecken.*
- *Gut. Und woher weißt du das, Oskar?*
- *Weil man es sehen kann.*
- *Genau. Und meinst du, andere sehen das genauso wie du?*
- *Ja.*
- *Und wenn ich jetzt frage: Ist der Tisch schön? Findest du das auch?*
- *Ja.*
- *Und müssen die anderen ihn auch schön finden?*
- *Nein, Papa.*
- *Warum nicht?*
- *Weil jeder einen unterschiedlichen Geschmack hat.*
- *Ja, das stimmt, Oskar. Meinst du, dass du, wenn du groß bist, den Tisch immer noch schön findest?*
- *(Denkt nach) Das weiß ich nicht ...*
- *Was meinst du, ist der Unterschied, ob ich sage: Der Tisch ist rundeckig. Oder wenn ich sage: Der Tisch ist schön?*

*– Der Tisch ist halt rundeckig. Und schön kann man ihn finden oder nicht.*

Das ist etwas sehr Richtiges. Dass der Tisch weiß ist, ist *eine Eigenschaft des Tisches*. Aber dass der Tisch schön ist, das ist *eine Vorstellung in unserem Kopf.* Ich glaube, damit haben wir etwas Wichtiges gelernt: Schönheit ist keine Eigenschaft von Dingen, Menschen oder Landschaften. Schönheit ist etwas, das wir in den Dingen und Personen sehen. Deshalb kann man Schönheit auch nicht messen. Natürlich gibt es Menschen, die von vielen anderen Menschen schön gefunden werden. Es gibt Models oder Schauspieler, die viele andere schön finden. Aber zu anderen Zeiten fand man ganz andere Menschen schön. Mal war es chic, etwas molliger zu sein. Und dann wieder war es viel schöner, dünn oder sogar sehr dünn zu sein. Unsere Vorstellungen, was wir schön finden, ändern sich eben. Und das, was wir mit zehn Jahren schön finden, müssen wir nicht mit vierzig noch schön finden. Unsere Einsicht heißt:

**Schönheit ist eine Vorstellung in unserem Kopf. Sie hängt ab von unserem Geschmack. Und unser Geschmack ist wiederum beeinflusst von der Kultur, in der wir leben. Eine objektive Schönheit gibt es nicht.**

Das Ärgerliche an der Schönheit ist übrigens, dass sie so ungerecht verteilt ist. Manche Menschen werden von vielen schön gefunden, andere nicht. Und dabei kann man ja gar nicht viel dafür, dass andere einen schön oder nicht schön finden. Ist das nicht ungerecht?

Das bringt uns auf unser nächstes philosophisches Thema. Nämlich zu der Frage, was gerecht ist. Wie müsste das Zusammenleben der Menschen sein, damit es so fair wie möglich zugeht?

= *Was ist gerecht?*

# Im Plänterwald

*Was ist gerecht?*

Einer der merkwürdigsten und verwunschensten Orte Berlins ist der Plänterwald. Der Wald liegt direkt an der Spree im Osten der Stadt. Wenn man eine Weile zwischen den Bäumen entlangspaziert ist, kommt man an ein ganz spezielles Gelände. Was ist, oder besser: Was war hier los? Rostige Reste eines Raupenfahrzeugs liegen hinter einer Absperrung, ein gigantisches Riesenrad ragt schief und vergammelt fast fünfzig Meter in die Luft. Und auf einer Wiese liegen umgestürzte Dinosaurier in Lebensgröße.

Gab es gerade einen Krieg? Oder eine Katastrophe, die zum Aussterben der Menschen und der Dinosaurier geführt hat? Die Kulisse sieht tatsächlich aus wie in einem Endzeit-Film. Also, noch einmal, was ist hier geschehen?

Der Plänterwald war einmal ein Vergnügungspark, genauer, *der* Vergnügungspark der DDR. Fast zwei Millionen Besucher strömten jedes Jahr hierhin, fast so viele wie in den Tierpark. Alle wollten sie auf das Riesenrad und die vielen anderen Karussells. Es gab Buden und Restaurants, alles wie auf einer anderen großen Kirmes auch.

Nach der deutschen Vereinigung stellte sich die Frage, was nun mit dem Vergnügungspark passieren sollte. In der DDR hatte er dem Staat gehört, aber in der Bundesrepublik betreibt der Staat keine Kirmes-Attraktionen. Der neue Besitzer renovierte den Park und stellte zusätzlich neue Attraktionen auf. Doch die Zahl der Kirmes-Besucher wurde immer kleiner. Und bald war der neue Besitzer pleite. Er verschwand über Nacht mit einigen seiner Attraktionen nach Südamerika.

Danach passierte nicht mehr viel. Seit fast zehn Jahren verfällt der Park. Gras und Unkraut überziehen das Gelände, und auch der Gitterzaun ist inzwischen alt und brüchig. So gelangt man heute ohne große Mühe in die Ruinenlandschaft. Am Wochenende gibt es sogar Führungen durch den verlotterten Park. Und auch ein kleines Café hat geöffnet.

Wenn Oskar und ich im »Café Mythos« sitzen mit Blick auf die Park-Ruinen, dann wäre ihm natürlich lieber, die Karussells würden tatsächlich fahren, statt zu verrosten. Auch gegen Zuckerwatte und Mandeln hätte er nichts einzuwenden. Aber andererseits merkt auch er, dass das hier schon ein ganz besonderer Ort ist mit einer seltsamen Ausstrahlung. Und deshalb beschließe ich, diesen Ort als Anregung für ein Gedankenspiel zu nehmen ...

Stell dir mal vor, es gäbe einen Flugzeugabsturz. Und du sitzt mit in diesem Flugzeug. Gott sei Dank werden alle Passagiere gerettet. Das Flugzeug landet mit Ach und Krach sehr unsanft auf einer unbewohnten Insel im Pazifischen Ozean. Zwar wird keiner schwer verletzt und alle überleben, aber durch den heftigen Aufprall haben alle eine Gehirnerschütterung. Als sie wieder zu sich kommen, weiß keiner mehr so genau, wer er ist. Niemand weiß, welchen Beruf er ausgeübt hat, was er besonders gut oder schlecht kann.

Nun müssen sowieso alle auf der Insel noch einmal neu anfangen. Das Gebiet ist verwildert und verwunschen wie hier im Plänterwald. Es gibt Hügel und Berge, ein paar wilde Ziegen und auch einige essbare Pflanzen und Früchte. Die Gegend bietet alles, was die Menschen brauchen. Genug zu essen und zu trinken, warme Schlafplätze und ausreichend Raum für jeden.

Die Menschen müssen nun sehen, wie sie miteinander auf der Insel klarkommen. Dafür brauchen sie Regeln, damit nicht Chaos und Anarchie ausbrechen. Jeder von ihnen will natürlich als Erstes seine wichtigsten menschlichen Grundbedürfnisse erfüllen: Er will Zugang zum Trinkwasser, er will genug zu essen und einen warmen Schlafplatz. Alle weiteren Bedürfnisse sind noch unbekannt. Die Gehirnerschütterung und der Gedächtnisverlust hindern sie daran, sich selbst klarer zu sehen und einschätzen zu können. Man setzt sich also zusammen und sucht nach Regeln, die einem in aller Unsicherheit weiterhelfen können.

Doch wie könnten diese Regeln aussehen? Was darf man tun und was nicht? Das ist gar nicht so einfach, denn durch den Gedächtnisverlust weiß niemand, wer er im wirklichen Leben ist. Und keiner kann voraussagen, was für ihn das Beste ist. Keiner will dabei ein Risiko eingehen. Denn man kann ja nicht einschätzen, ob man einem Risiko gewachsen ist oder nicht. Und so listet die Gruppe alle Vorschläge auf, die gemacht werden, um alle wichtigen Grundgüter zu verteilen. Für welche Regeln würdest du dich einsetzen? Was wäre dir am wichtigsten und was am zweitwichtigsten? Und was wäre das Drittwichtigste für dich?

*- Nun, Oskar, was meinst du? Welche Regel, wie ihr miteinander umgehen sollt, wäre für dich die wichtigste?*
*- Man darf keinen anderen töten, Papa.*

– *Klingt überzeugend. Und die nächstwichtige Regel?*
– *Man darf den anderen nichts wegnehmen. Also vor allem kein Essen wegnehmen.*
– *Klingt auch gut. Und Regel Nummer drei?*
– *(Oskar überlegt lange) Jetzt wird es schwierig. Welche nehme ich ...?*
– *Ich überlege mal mit. Die Insel gehört ja noch keinem. Ihr müsst sie erst einmal in Besitz nehmen.*
– *Da darf dann keiner sein wie ein Tyrann und sagen: »Mir gehört jetzt diese Insel.« Es darf nicht einer der Chef sein.*
– *In Ordnung. Jetzt stellen wir uns mal vor, ihr habt angefangen, die Insel in Besitz zu nehmen. Keiner von euch ist der Chef. Jeder kriegt ein ungefähr gleich großes Stück Land. Der eine züchtet darauf Ziegen, ein anderer baut Kartoffeln an, der Nächste versucht es mit Getreide und so weiter. Wäre das gerecht?*
– *Ja, Papa.*
– *Aber jetzt passiert Folgendes: Das mit dem Züchten von Ziegen klappt ganz hervorragend. Sie vermehren sich schnell. Und der Ziegenzüchter produziert ganz viel Milch und Käse. Der mit den Kartoffeln dagegen hat überhaupt kein Glück. Die Kartoffeln wachsen nicht rich-*

*tig. Und dann zerstört ein Sturm die ganze Kartoffel-Plantage. Da geht der Ziegenzüchter zu dem Kartoffelbauern und sagt: »Pass auf, ich kann dir helfen. Wenn du mir dein Land gibst, dann darfst du auf meine Ziegen aufpassen. Und zum Lohn gebe ich dir etwas von meiner Milch und meinem Käse ab. Und da alle Kartoffelbauern das gleiche Problem mit ihrer Ernte haben, macht er dieses Angebot an alle. Die Kartoffelbauern willigen ein. Und nach ziemlich kurzer Zeit gehört dem Ziegenzüchter die halbe Insel. Ist das gerecht?*
- *Nein, Papa. Das ist ungerecht. Weil der ja dann ganz viel mehr hat.*
- *Soll man denn dem Ziegenzüchter verbieten, den anderen das Land abzutauschen, Oskar?*
- *Die anderen können es doch auch mit Ziegen versuchen. Und der Kartoffelmann kann es doch noch mal mit seinen Kartoffeln probieren. Und wenn er nicht das ganze Land abgibt, sondern nur das halbe, damit er auch noch Land hat, auf dem er weiterprobieren kann?*
- *Soll jeder nur das behalten, was so groß ist wie das Land der anderen? Oder darf er, wenn er mehr Erfolg auf seinem Stück Land hat, auch mehr besitzen?*
- *Der Ziegenmann darf nicht der Boss sein.*

- *Darf er denn durch Tausch noch mehr Land dazubekommen? Das heißt: Ich will wissen, ob es gerechter ist, wenn jeder gleich viel hat? Oder gerechter, wenn der, der erfolgreicher ist, mehr bekommt?*
- *Es ist gerechter, Papa, wenn jeder gleich viel kriegt. Und jeder muss genug zu essen haben.*
- *Ja, aber der Ziegenmann sagt ja nur: »Gib mir dein Land!«, damit der andere, der Kartoffelbauer, nicht verhungert. Das ist doch nur gerecht, oder?*
- *Er könnte ihm ja auch ein paar Ziegen schenken.*
- *Könnte er, ja. Aber wenn er es nicht tut, sondern stattdessen diesen Tausch anbietet? Land gegen Essen?*
- *Es darf schon einer mehr Land haben. Aber nur so viel mehr, dass die anderen nicht verhungern.*
- *Das heißt also: Man darf schon ein größeres Gebiet haben als die anderen. Aber nur, wenn die anderen auch einen Vorteil davon haben und auf ihre Kosten kommen?*
- *Ja, es darf keine Erpressung geben!*

Ich glaube, damit haben wir ziemlich gute Regeln gefunden. Es sind übrigens sehr ähnliche Regeln, wie die, die der berühmte amerikanische Philosoph John Rawls einmal aufgestellt hat. Wenn man gerechte

Regeln haben möchte, meinte Rawls, dann muss man sich nämlich immer in die Position der Schwächsten hineinversetzen. Denn genau das garantiert wahrscheinlich die größte Fairness. Die Regeln bei Rawls heißen:

1. Alle haben die gleichen Rechte. Und alle dürfen sich so frei entfalten, dass sie nicht die Freiheit der anderen einschränken.

2. Wenn der eine zu mehr Besitz gelangt wie der andere, dann gelten folgende Regeln: *Jeder* muss die Chance haben, zu mehr Besitz zu kommen. Und zweitens: Diejenigen, die mehr haben, müssen denen, die weniger haben, genug von ihrem Besitz *abgeben.*

Damit, glaube ich, haben wir eine weitere philosophische Einsicht:

**Gerecht ist, was möglichst fair für alle ist und allen eine Chance gibt. Deswegen muss man sich immer auf den Standpunkt stellen, was für den Schwächsten fair ist, damit niemand übervorteilt wird.**

Aber sind damit alle Fragen geklärt? Die erste von Rawls' Regeln sagt, dass ich die Freiheit der anderen nicht einschränken darf. Aber warum nicht? Was ist das eigentlich – Freiheit? Und warum ist Freiheit wichtig?

= *Was ist Freiheit?*

# Im Mauerpark

*Was ist Freiheit?*

Dass Berlin einen »Mauerpark« hat, ist (wie beim RAW-Gelände) dem Mut und der Kreativität vieler Leute zu verdanken. Vor allem an den Wochenenden im Sommer verwandelt sich die große Grünfläche in eine bunte Mischung von Menschen aus allen Teilen der Welt. Es gibt einen großen Flohmarkt mit fairen Preisen, und man kann überall auf der Wiese liegen. Der Geruch von gegrillter Bratwurst erfüllt die Luft. Boule-Spieler werfen ihre Kugeln. Es wird jongliert, Basketball und Fußball gespielt. Und im großen Amphitheater wetteifern Menschen aller Kulturen miteinander beim Karaokesingen. Das Publikum ist neugierig und freundlich, und es herrscht eine ausgelassene Stimmung. Hier, so scheint es, darf sich jeder ausleben und machen, was er will.

Das war nicht immer so. Das Gebiet des Mauerparks, auf dem heute das Leben pulsiert, war einmal eine Todeszone. Ursprünglich – im 19. Jahrhundert – war es das Gelände des Nordbahnhofs. Von dort aus fuhren im Kaiserreich die Güterzüge bis nach Stralsund. Nach dem Zweiten Weltkrieg, als die Siegermächte die Stadt aufteilten, verlief hier die Grenze zwischen dem französischen und dem sowjetischen Sektor. Das Gebiet westlich des heutigen Mauerparks, der Wedding, wurde von französischen Soldaten besetzt. Das Gebiet auf der Ostseite, der Prenzlauer Berg, wurde von den sowjetischen Soldaten der Roten Armee kontrolliert.

Am 13. August 1961 befestigte die Regierung der DDR die ehemalige Sektorengrenze und spätere Staatsgrenze zwischen Bundesrepublik und DDR durch eine Mauer. Die Mauer ging längs über das Bahnhofsgelände. Was heute Park ist, war fast dreißig Jahre lang ein fast menschenleeres Gebiet, von Unkraut überwuchert, aber auf DDR-Seite streng bewacht. Niemand sollte von Ost-Berlin über die Mauer in den Westen gelangen. Von einem Aussichtsturm aus konnten die Westberliner und viele Touristen von der Westseite aus in die DDR gucken: auf das Sperrgebiet und die Hochsicherheitsanlagen.

Nach dem Zusammenbruch der DDR wurde Deutschland im Oktober 1990 wiedervereinigt. Viele

Menschen aus den umgebenden Häusern und Stadtvierteln nutzten das herrenlose Gelände in ihrer Freizeit. Es entstand ein langer Streit darum, was nun mit dem Gebiet geschehen sollte. Während die Stadt hier gerne Bauland verkauft hätte und Häuser bauen lassen wollte, erkämpften verschiedene Bürgerinitiativen sich in vielen Scharmützeln mit den Behörden »ihren« Park. Und heute ist der Mauerpark die wahrscheinlich wichtigste Begegnungsstätte für jüngere Menschen aller Kulturen in der ganzen Stadt.

Als Oskar und ich das erste Mal dort waren, stand Oskar neugierig vor der Mauer. Noch heute nämlich steht ein längeres Stück mitten im Mauerpark, bunt bemalt und voller Graffitis. Dabei hatten wir folgendes lustiges Gespräch:

- *Was ist das, Papa?*
- *Das ist ein Stück der Mauer.*
- *Die ist ja viel zu hoch, um drüberzuklettern.*
- *Nun weißt du, Oskar, das war ja auch der Sinn der Sache. Da sollte auch keiner rüberklettern.*
- *Aber jetzt könnte ich da draufklettern.*
- *Ich fürchte Oskar, dass du das nicht schaffst. Du bist noch zu klein dafür.*
- *(Oskar überlegt) Na ja, vielleicht wenn die nächste Mauer gebaut wird, Papa ...*

Dass in absehbarer Zeit noch einmal eine Mauer durch Berlin gebaut wird, ist Gott sei Dank nicht zu erwarten. Für Kinder und Jugendliche ist es ohnehin kaum noch vorstellbar, dass Berlin tatsächlich durch eine Mauer zerschnitten worden ist. Die Geschichte der Mauer ist für sie eine Geschichte fast aus der Zeit von Asterix. Aber wie war es eigentlich dazu gekommen?

Nach dem Zweiten Weltkrieg wurde Deutschland von den Siegermächten USA, Großbritannien, Frankreich und der Sowjetunion aufgeteilt. Auf dem Gebiet, das die »Westmächte« besetzt hatten, entstand die Bundesrepublik Deutschland. Auf dem Gebiet, das die Sowjetunion besetzt hatte, entstand die Deutsche Demokratische Republik (DDR). Beide Staaten waren sehr verschieden.

In der DDR war das System »sozialistisch«. Die Fabriken gehörten nicht den einzelnen Menschen, sondern dem Staat. Die Mieten für die Wohnungen waren billig. Und jede Arbeit sollte gleich viel wert sein, so dass auch jeder ungefähr gleich viel Geld verdiente. Als Idee klang das gut. Aber der Staat schaffte nicht die Ungerechtigkeit ab, sondern er schuf neue Ungerechtigkeiten. Wer in der sozialistischen Partei war, der konnte sich gegenüber anderen Menschen Vorteile verschaffen. Und da die Regierung ihrem Volk misstraute, baute sie einen gewaltigen Geheimdienstapparat auf. Die Menschen wurden beobachtet, abgehört und bespitzelt. Und wer den Staat kritisierte, musste mit harten und ungerechten Strafen rechnen. Die Ausreise aus der DDR war (fast) nicht möglich.

In der Bundesrepublik galt der Grundsatz, dass jeder gleich viel verdienen sollte, nicht. Wer mehr leistete oder einfach mehr Glück und Erfolg (oder reichere Eltern) hatte, der durfte auch viel mehr Geld verdienen als andere Menschen. Und die Fabriken gehörten (bis auf wenige Ausnahmen) nicht dem Staat, sondern einzelnen Menschen. Die Gesellschaft der Bundesrepublik wurde insgesamt schnell reicher als die in der DDR. Dafür gab es zwei wichtige Gründe. Erstens spornt es viele Menschen an, wenn sie die Möglichkeiten haben, durch ihre eigene Leistung mehr zu erreichen als andere. Und zweitens gehörte die Bundesrepublik von Anfang an auf die reichere Seite der Welt. Ihr Aufbau wurde von den USA unterstützt. Sie handelte mit Amerika und den anderen Ländern Westeuropas, die zu den reichsten der Welt gehörten. Die DDR aber konnte ihre Waren fast nur mit der Sowjetunion und den anderen osteuropäischen Ländern tauschen, die viel ärmer waren. All dies machte das Leben in der Bundesrepublik für viele Menschen angenehmer als das Leben in der DDR. Und die Bundesrepublik ließ ihren Bürgern viel mehr Freiheiten zu tun und zu lassen, was sie wollten.

Seit es die DDR gab, flüchteten viele Menschen in die Bundesrepublik. Die DDR errichtete daraufhin gewaltige

Befestigungsanlagen und Sperrzäune. Aber immer wieder kam es zur Flucht. Dreieinhalb Millionen Menschen flüchteten bis 1961 aus der DDR in den Westen. Besonders leicht war dies in Berlin. Die Grenze in der Stadt war 45 Kilometer lang und verlief zum Teil durch enge Straßen. Sie ließ sich nur sehr schwer bewachen. Da beschloss die Regierung der DDR 1961, mit Zustimmung der Sowjetunion eine Mauer zu bauen, um den Osten Berlins endgültig abzuriegeln. In der Nacht vom 12. auf den 13. August begannen die Bauarbeiten. Manche Flüchtlinge nutzten ihre letzte Chance und seilten sich mit Bettlaken aus den Fenstern ab, ließen sich in Sprungtücher der Feuerwehr fallen und übersprangen die noch unvollständigen Absperrungen.

Die Bundesrepublik und die USA sahen dem Bau der Mauer hilflos zu. »Keine sehr schöne Lösung«, meinte der amerikanische Präsident John F. Kennedy, »aber tausendmal besser als Krieg.« In den nächsten 28 Jahren, in denen die Mauer stand, gab es aber weiterhin Fluchtversuche. Doch die Mauer war sehr streng bewacht. Die Grenzsoldaten der DDR hatten den Auftrag, auf alle Flüchtlinge zu schießen. Nach dem gegenwärtigen Stand des Wissens starben an der Mauer 136 Menschen, die meisten von ihnen junge Männer unter dreißig Jahren.

Im Herbst 1989 kam es in der DDR zu heftigen Protesten gegen die Regierung. Am 9. November verlas die Führung der DDR einen Beschluss, wonach in der DDR die

Reisefreiheit eingeführt werden sollte. Viele Menschen in Ost-Berlin strömten daraufhin zur Mauer und verlangten, durchgelassen zu werden. Nach einigem Zögern und großer Verwirrung öffneten die Grenzsoldaten die Übergänge. Von nun an war die Mauer keine Bedrohung mehr. Wütende Bürger der DDR und Souvenirjäger zerhackten sie bis auf wenige Abschnitte. So wie die Mauer Stück für Stück zerbrach, so brach auch die DDR zusammen. Am 3. Oktober 1990 trat die DDR der Bundesrepublik bei. Deutschland war wieder ein einziges Land.

- *Tja, lustig war das mit der Mauer nicht.*
- *Gar nicht lustig, Papa. Da sind viele Menschen gestorben.*
- *Ich habe dir ja gerade erzählt, was die wichtigsten Unterschiede waren zwischen der Bundesrepublik und der DDR. Wo hättest du lieber gelebt? Da, wo alle das Gleiche verdienen für ihre Arbeit? Oder aber in einem Land, wo du mehr kriegst, wenn du mehr leistest?*
- *Ist doch cool, einfach 'nen Beruf machen, Geld bekommen und glücklich sein. Ich faulenze lieber. Das ist besser als zu arbeiten und trotzdem nicht viel zu verdienen.*
- *Aber die, die mehr arbeiten, sind dann ziemlich unzufrieden.*
- (Oskar überlegt) *Das stimmt.*

– *Aber das größte Problem war doch, dass der Staat sehr streng und misstrauisch gegenüber seinen Bürgern war. Er hat sie beobachtet und ausspioniert. Viele Leute fanden das gar nicht gut. Außerdem waren viele, die in der Bundesrepublik lebten, reicher. Und es gab viel mehr schöne Dinge zu kaufen. Und im Urlaub konnte man in viele Länder fahren, nach Spanien, Italien, Österreich. Das konnten die Menschen in der DDR nicht.*
– *Wollten alle weg aus der DDR, Papa?*
– *Nicht alle. Aber viele. Vor allem vielen Jugendlichen war die DDR zu langweilig.*
– *Eigentlich waren das doch zwei ganz verschiedene Länder?*
– *Ja, und auch verfeindet. Es gab immer die Angst, dass es zum Krieg kommt zwischen den USA und der Sowjetunion. Dann hätten die Menschen in der DDR und in der Bundesrepublik aufeinander geschossen. Kannst du dir denn vorstellen, warum man da rauswollte aus der DDR?*
– *Klar! Auf der anderen Seite bekommst du mehr Geld, 'nen besseren Job und konntest fleißiger sein und wurdest mehr belohnt.*
– *Würde dir das was ausmachen, irgendwo zu leben mit einer Mauer, wo du nicht rüberkannst?*
– *(Oskar überlegt) Wär ganz schön doof.*

– *Stell dir vor, wenn rund um Köln eine Mauer wäre, und du könntest nicht mehr zu Oma und Opa?*
– *Das wäre ein trauriges Gefühl.*
– *Meinst du, die DDR hatte das Recht, die Mauer zu bauen? Weil sie gesagt hat: Wir sind das gerechtere Deutschland, bei uns kriegt jeder das Gleiche. Und deshalb dürfen wir auch eine Mauer bauen, damit das erhalten bleibt ...*
– *Eher nicht, Papa. So 'ne Mauer dürfte es nicht geben. Keine zwei Länder.*
– *Was ist für dich Freiheit, Oskar?*
– *Dürfen, was man will. Und selber entscheiden, wo man hingeht.*
– *Also, Freiheit ist: »Selber entscheiden dürfen«? Das klingt gut. Aber reicht das? Würdest du, zum Beispiel, lieber in einem armen Land leben, in dem du alles darfst? Oder in einem reichen Land, wo vieles verboten ist?*
– *(Oskar überlegt sehr lange). Ich glaube, lieber in einem reichen Land. Aber, Papa, am allerliebsten in einem reichen Land, wo man alles machen darf.*
– *Freiheit ist also nicht mehr so viel wert, wenn man arm ist und deshalb mit seiner Freiheit gar nicht so viel anfangen kann. Damit man seine Freiheit wirklich leben kann, müssen also noch*

*viele andere Bedingungen erfüllt sein. Zum Beispiel ein gewisser Wohlstand. Aber mir fällt auch noch etwas Zweites ein. Du sagst: »Ein Land, wo man alles machen darf.« Meinst du das ernst? Grenzenlose Freiheit, wo alle alles machen dürfen – findest du das gut?*
- *Nein, Papa. Regeln muss es schon geben.*
- *Ja, was meinst du wohl, was passiert, wenn es keine gibt und alle ganz frei tun und lassen dürfen, was sie wollen?*
- *Dann werden Menschen getötet. Dann steht vielleicht ein Mann mit 'nem Messer morgens vor der Haustür. Weil, wenn der einen tötet, passiert dem ja nichts.*
- *Freiheit macht also nur Sinn in Verbindung mit einer hohen Sicherheit.*
- *(Oskar singt): »Über den Wolken muss die Freiheit wohl grenzenlos sein ...«*
- *Über den Wolken? Da hat man ja nun die allerwenigste Freiheit. Da ist man abhängig davon, dass das Flugzeug funktioniert und nicht abstürzt. Und die Luft ist so dünn, dass sie nicht genug Sauerstoff enthält. Und es ist lausig kalt da oben ... Auch daran merkst du, Oskar: Freiheit ist etwas, das immer von Sicherheit abhängig ist. Beides gehört zusammen. Über den Wolken und auch zwischen den Menschen. Es gibt*

*eigentlich sogar zwei verschiedene Freiheiten. Die eine Freiheit ist: etwas zu dürfen.*
- *In den Wald gehen und spielen. Oder Fußball spielen oder im Zimmer Lego spielen ...*
- *Genau. Und die andere Freiheit ist: in Ruhe gelassen zu werden.*
- *Keine Hausaufgaben.*
- *Ja, oder keine brutalen Strafen für harmlose Dinge. Oder dass sich der Staat nicht überall einmischt.*

Damit wird es Zeit für unsere nächste Einsicht:

Zu wissen, dass man vieles darf, macht Menschen glücklich. Aber die Freiheit, etwas zu dürfen, wird eingeschränkt durch die Freiheit der anderen, die ja auch etwas dürfen. Wo die Freiheit des anderen anfängt, hört meine Freiheit auf. So gibt es Freiheit immer nur in der Verbindung mit Sicherheit. Wenn alle alles dürfen, wird das Zusammenleben schrecklich.

Beim Verlassen des Mauerparks bin ich mir sicher, dass Oskar die Mauer jetzt mit etwas anderen Augen betrachtet als vorher. Wir haben heute vieles gelernt. Zum Beispiel, dass das Gefühl, viel machen zu dürfen, für Menschen wichtig ist. Es gehört zu den Dingen, auf die es im Leben ankommt. Selbst wenn man vieles von dem, was man tun kann, vielleicht gar nicht tut. Dann reicht oft bereits die Vorstellung, etwas machen zu können. Aber auf welche Dinge kommt es eigentlich noch an ...?

= *Worauf kommt es im Leben an?*

# Auf dem Fernsehturm

*Worauf kommt es im Leben an?*

Wer hat den höchsten Fernsehturm? Eine Zeitlang, so schien es, kam es auf diese Frage an. Als Walter Ulbricht, der Staatschef der DDR, 1964 beschloss, den Berliner Fernsehturm zu bauen, ging es vor allem um eins: um das Ansehen in der Welt. Die Größe des Fernsehturms sollte die Größe des Sozialismus in der DDR weithin sichtbar machen. Wer so einen Fernsehturm bauen kann, der muss die weltbesten Ingenieure haben! Und diese Ingenieure, so träumte Ulbricht weiter, bringt nur das beste Staatssystem hervor.

Lange Zeit wurde darüber gestritten und diskutiert, wie dieser Turm am Ende aussehen sollte. Fest stand nur, dass er weit oben eine Kugel bekommen sollte – zur Erinnerung an den kugelförmigen Satelliten

»Sputnik«, den die Sowjetunion als erstes Land der Welt in den Weltraum geschossen hatte. Und diese Sputnik-Kugel sollte rot angestrahlt werden – in der Farbe des Sozialismus. Fünf Jahre später war der Turm fertig: 368 Meter hoch und damit der höchste Turm der Welt. Nur das *Empire State Building* in New York war noch höher. Am 7. Oktober 1969, pünktlich zum 20. Jahrestag der Gründung der DDR, wurde er für das Publikum eröffnet. Doch rot angestrahlt wurde die Kugel nicht. Stattdessen schien die Sonne auf den Turm und malte auf den silbrigen Stahl ein helles Lichtkreuz. Die Ostberliner nahmen es mit Humor und nannten das Kreuz »Die Rache des Papstes«. Und andere verglichen den Turm mit einer Kirche und nannten ihn belustigt »St. Walter« – nach seinem Bauherrn Walter Ulbricht.

Am wenigsten erfreut über den Turm war aber nicht die Bundesrepublik oder die USA, sondern die Sowjetunion. Zwar waren beide Länder politisch miteinander in Freundschaft verbunden. Aber dass die kleine DDR einen höheren Turm baute als die große Sowjetunion, ging natürlich nicht ... Noch vor der Eröffnung des Ostberliner Fernsehturms weihten die Sowjets ihren eigenen Turm in Moskau ein – 537 Meter hoch und somit das höchste Gebäude der Welt. Das aber schmeckte den Ländern des Westens nun gar nicht. Bald darauf entstand ein noch höherer

Fernsehturm in Toronto in Kanada – 553 Meter hoch. Und inzwischen wurde auch dieser Rekord übertroffen. Die asiatischen Länder China und Japan zeigten nun ihrerseits, was sie konnten. Die höchsten Fernsehtürme stehen heute in Guangzhou (600 Meter) und in Tokio (634 Meter).

Auch wenn der Berliner Fernsehturm schon lange nicht mehr der höchste der Welt ist, so hat man aus seiner Kugel noch immer einen phantastischen Blick über die Stadt. Oskar mag den Fernsehturm, weil er ihn mit seiner futuristischen Form immer ein bisschen an *Star Wars* erinnert. Und so schauen wir aus unserer vorgestellten Raumschiffkapsel hinunter auf das Häusermeer, auf die vielen Straßen und die vielen, vielen Menschen, die als winzige Punkte umherwuseln auf der Suche nach ihrem Glück ...

- *Sag mal, Oskar, ist es eigentlich wichtig, den höchsten Turm zu haben?*
- *Nein.*
- *Warum meinst du, war es den Politikern in der DDR dann so wichtig, den höchsten Turm zu haben?*
- *Weil sie stolz waren. Weil sie sagen wollten: »Wir sind die Besten!« So angeberisch ...*
- *Ist es vielleicht wichtig, ein guter Angeber zu sein?*

- *Nö.*
- *Was meinst du, ist denn wichtig im Leben?*
- *Ein normales Leben zu haben. Nette Eltern. Genug zu essen. Dass es allen Menschen gut geht ...*
- *Da ist was dran. Und wie wäre es, Oskar, wenn du keine Freunde hättest? Nicht den Ole und den Lorenz ...*
- *Das wär blöd. Freunde sind wichtig.*
- *Und erinnerst du dich noch an den Benny im Kindergarten, der Krebs hatte ...*
- *Gesund sein! Ganz wichtig!*
- *Und erinnerst du dich, wie ich dir vom Zweiten Weltkrieg erzählt habe? Dass der Opa und die Oma nachts aus ihren Betten gerissen wurden, um in den Bunker zu flüchten. Und welche Angst sie da hatten?*
- *Frieden, Papa! Frieden ist auch wichtig.*
- *Und als ich dir vom Zweiten Weltkrieg erzählt habe, da habe ich dir auch von Hitler erzählt. Und davon, wie die Juden verfolgt und ermordet wurden.*
- *Ah ja, dass niemand aufgrund seiner Hautfarbe oder Religion gejagt werden darf.*
- *Was gehört noch zum guten Leben? Vielleicht auch, dass es nicht langweilig ist?*
- *Ja, Spaß haben.*

Es ist Abend geworden. Wir werfen noch einen letzten Blick auf Häuser, Straßen, Autos und winzige Menschen. Dann verlassen wir das Aussichtsrestaurant in der Kugel und sausen mit dem Fahrstuhl im Riesentempo wieder hinunter auf die Erde. Unsere letzte philosophische Einsicht lautet:

**Es gibt also viele wichtige Dinge im Leben, auf die es ankommt, wenn man glücklich sein will. Bei manchen ist es wichtig, dass sie passieren, wie zum Beispiel Spaß und Freunde haben. Und bei anderen ist es wichtig, dass sie nicht passieren, wie zum Beispiel Krankheit, Kriege oder Verfolgung.**

Eigentlich haben wir damit schon viel Wichtiges gesagt. Aber eines fehlt noch. Am Anfang des Buches hatte ich nämlich noch eine Antwort auf die Frage versprochen: »Warum gibt es alles und nicht nichts?« Wie du weißt, eine richtige Antwort habe ich darauf natürlich nicht. Aber etwas zum Darübernachdenken.

- *Oskar, du erinnerst dich doch daran, wie wir im Naturkundemuseum über die Frage nachgedacht haben, warum es alles gibt und nicht nichts?*
- *Ja, klar.*
- *Und dass wir über den Urknall geredet haben. Dass da vorher vielleicht so ein Klumpen war ...*

*– Ja, aber was war das mit dem Klumpen? Wo kommt der her? Und was war drum herum?*
*– Wie ich dir gesagt habe, weiß das kein Mensch. Aber ich habe noch eine kleine Geschichte für dich. Eine allerletzte Geschichte:*

Ein Mann geht in China durch einen Wald. Plötzlich passiert etwas völlig Unerwartetes. Ein Pfeil trifft ihn und verwundet ihn schwer. Und was besonders schlimm ist – die Spitze des Pfeils ist mit Gift bestrichen worden. Mühsam schleppt er sich zu seinem Haus. Seine Freunde und Verwandten rufen schnell nach einem heilkundigen Arzt. Der Arzt ist auch sofort zur Stelle. Doch bevor er den Pfeil herausziehen kann, sagt der verwundete Mann:

»Halt, einen Moment! Bevor Sie den Pfeil herausziehen – sagen Sie mir bitte, wer diesen Pfeil auf mich abgeschossen hat. Ich will es wissen. Sofort! War es ein Krieger? War es ein Priester? War es ein Bürger? Oder war es ein Bauer?«

»Keine Ahnung«, sagt der Arzt und greift nach dem giftigen Pfeil, um ihn aus der Wunde zu ziehen.

»Halt!«, ruft der Mann. »Ich will es unbedingt erst wissen: Woher kommt der Mann, der mich getroffen hat? War er klein, groß oder mittelgroß?«

»Woher soll ich das wissen«, sagt der Arzt. »Sie brauchen sofortige Hilfe.«

»Nein, nein, erst beantworten Sie mir meine Fragen!

Welche Hautfarbe hatte der Mann? War er schwarz? Oder braun? Oder gelb? Aus welchem Dorf kommt er? Oder kommt er von einer Burg? Und womit hat er geschossen? Einem kurzen Bogen oder einem langen?«

»Ich weiß es doch wirklich nicht!«, klagt der Arzt. »Bitte halten Sie still und ...«

»Halt, stopp!«, schreit der Mann. »Sagen Sie es mir sofort. Ich muss es wissen. Es ist das Allerwichtigste für mich: Was für eine Sehne hatte der Bogen? War es eine Saite oder ein Draht? Und die Spitze des Pfeils, ist sie gebogen oder gerade oder ...«

In diesem Moment verließen den Mann die Kräfte. Das Gift hatte seine Wirkung getan, und der Mann starb unter den Händen des Arztes, dem nicht erlaubt worden war, den Pfeil herauszuziehen.

Wieder auf der Straße, gehen wir über den Alexanderplatz. Es ist dunkel geworden, in den Häusern flammen überall die Lichter auf. Zeit für uns, dass wir nach Hause kommen.

- *Tja, Oskar, was hat der Mann in der Geschichte wohl falsch gemacht?*
- *Er hätte den Pfeil rausholen lassen müssen, natürlich.*
- *Ja, über seine vielen Fragen hat er das Eigentliche und das Wichtigste vergessen. Was die*

*Geschichte uns sagen will, ist, dass es im Leben vielleicht gar nicht so wichtig ist, wo alles herkommt. Und wer es geschaffen hat. Und dass es gar nicht so wichtig ist zu wissen, warum alles existiert. Das wirklich Wichtige nämlich ist – das Leben selber! Verstehst du das, Oskar?*
*– Na klar.*

Einträchtig trotten wir nebeneinander her. Vater und Sohn, zwei Glückssucher unter Milliarden anderen.

*– Papa, nur noch eine Frage ...*
*– Ja?*
*– Aber Papa, wer hat denn jetzt den Pfeil abgeschossen ...?*

# Literaturhinweise

## Ich & Ich

**Warum gibt es alles und nicht nichts?**
Einen Überblick über die verschiedenen Schöpfungsmythen der Kulturen geben: Dietrich Steinwede und Dietmar Först: *Die Schöpfungsmythen der Menschheit*, Patmos 2004, und Benoit Reiss und Alexios Tjoyas: *Schöpfungsgeschichten der Welt*, Patmos 2006.

**Warum gibt es mich?**
Zwei gute Bücher über die Entwicklungsgeschichte des Menschen sind Richard E. Leakey und Roger Lewin: *Der Ursprung des Menschen*, Fischer Taschenbuch 1998 und Jens Reichholf: *Das Rätsel der Menschwerdung. Die Entstehung des Menschen im Wechselspiel der Natur*, dtv 1997. Über Zufall und Notwendigkeit in der Entstehungsgeschichte der Natur und des Menschen philosophiert höchst lesenswert Stephen Jay Gould: *Illusion Fortschritt. Die vielfältigen Wege der Evolution*, Fischer Taschenbuch, 3. Aufl. 2004.

**Warum sind Ratten ohne Namen sympathischer?**

Die Studie über die Beliebtheit der Tiere im Londoner Zoo erschien unter dem Titel: *How Diana climbed the ratings at the zoo,* in: Nature, 17. September 1998, S. 213.

**Wie ist es, ein Flughund zu sein?**

Der Aufsatz von Thomas Nagel: *Wie es ist, eine Fledermaus zu sein,* ist enthalten in: Peter Bieri (Hrsg.): *Analytische Philosophie des Geistes,* Beltz, 4. Aufl. 2007.

**Warum können Gorillas unsichtbar sein?**

Das Experiment mit dem »unsichtbaren Gorilla« machte Daniel Simmons: *Gorillas in our midst: sustained inattentional blindness for dynamic events,* in: Perception, Bd. 28, S. 1059. Inzwischen ist erschienen: Christopher Chabris, Daniel Simmons und Dagmar Mallett: *Der unsichtbare Gorilla. Wie unser Gehirn sich täuschen lässt,* Piper 2011.

**Wer ist »Ich«?**

Einen Überblick über den Spiegeltest bei Affen und Menschenaffen gibt Gordon G. Gallup: *Self-recognition in primates: A comparative approach to the bidirectional properties of consciousness,* in: American Psychologist, 32 (5), 1977, S. 329–338. Über die Erkenntnisfähigkeit von Affen und Menschenaffen siehe auch: Michael Tomasello und Joseph Call: *Primate Cognition,* Oxford University Press 1997. Dass Elefanten sich im

Spiegel erkennen, meinen Frans de Waal, Joshua Plotnik und Diana Reiss: *Self-recognition in an Asian elephant*, in: Proceedings of the National Academy of Science 103 (45), 2006, S. 17053–17057.

## Das Gute & Ich

### Gibt es Moral im Gehirn?

Über den Fall von Phineas Gage und seinem Hirnschaden berichtet ausführlich: Antonio R. Damasio: *Descartes' Irrtum. Fühlen, Denken und das menschliche Gehirn*, List Taschenbuch 2004. Der Wunsch des Snork nach einer Rechenmaschine findet sich in Tove Jansson: *Eine drollige Gesellschaft*, Benziger, 6. Aufl. 1970, S. 146.

### Sind fünf Menschen mehr wert als einer?

Zum Beispiel mit dem Eisenbahnwagen und der Weiche siehe Marc D. Hauser: *Moral Minds. How Nature Designed Our Universal Sense of Right and Wrong*, Little, Brown Book Group, Taschenbuch 2008.

### Darf man Tante Bertha töten?

Die Diskussion um das Töten von Tante Bertha wurde inspiriert durch die Kritik von Tom Regan an Peter Singers Utilitarismus in: Peter Singer (Hrsg.): *Verteidigt die Tiere – Überlegungen für eine neue Menschlichkeit*, Neff 1986.

### Warum stören Spiegel beim Klauen?

Zum Halloween-Experiment siehe Thomas Shelley Duval und Robert A. Wicklund: *A Theory of Objective Self-Awareness*, Academic Press 1972.

### Verderben Belohnungen den Charakter?

Zum Experiment mit den hilfsbereiten Kindern und den Schimpansen siehe: Felix Warneken und Michael Tomasello: *Altruistic helping in human infants and young chimpanzees*, in: Science, 311 (3), 2006, S. 1301–1303. Aussagekräftige Videos der Experimente findet man auf http://email.eva.mpg/-warneken/ideo.htm.

### Was ist fair?

Die Experimente mit den Kapuzineraffen machten Sarah Brosnan und Frans de Waal, veröffentlicht in dies.: *Monkeys reject unequal pay*, in: Nature 425, 2003, S. 297–299. Weiterreichende Interpretationen der menschlichen Fairness und Unfairness liefert Frans de Waal: *Primaten und Philosophen. Wie die Evolution die Moral hervorbrachte*, Hanser 2008.

### Darf man Tiere essen?

Gute Argumente gegen das Fleischessen aufgrund der *Leidensfähigkeit* der Tiere gibt Peter Singer in seinem modernen Klassiker: *Animal Liberation. Die Befreiung der Tiere*, Rowohlt 1996. Dass wir Tiere achten sollten, weil sie *Interessen* haben, ist das Hauptargument von Tom Regan: *The Case For Animal Rights*, University of

California Press, *Taschenbuch 2004*. Siehe dazu auch mein Buch: *Noahs Erbe. Vom Recht der Tiere und den Grenzen des Menschen*, Rowohlt Taschenbuch 2000.

## Mein Glück & Ich

### Warum haben Menschen Sorgen?
Das Leben Friedrichs des Großen wird erzählt nach Johannes Kunisch: *Friedrich der Große. Der König und seine Zeit*, C. H. Beck 2004.

### Was ist Schönheit?
Die Unterscheidung zwischen eckigen Tischen und schönen Tischen macht bereits Immanuel Kant: *Kritik der Urteilskraft*, Suhrkamp, Reclam 1986.

### Was ist gerecht?
Die Regeln von John Rawls sind (leicht vereinfacht) entnommen aus: John Rawls: *Eine Theorie der Gerechtigkeit*, Suhrkamp 1975.

### Was ist Freiheit?
Die Unterscheidung zwischen Freiheit als Recht darauf, in bestimmten Dingen nicht gegängelt zu werden (»negative Freiheit«), und das Recht zu besitzen, sich einzubringen (»positive Freiheit«) stammt von Isaiah Berlin: *Freiheit. Vier Versuche*, Fischer Taschenbuch 2006.

### Worauf kommt es im Leben an?

Die Geschichte von dem Mann, der von einem vergifteten Pfeil getroffen wird, stammt aus der »Mittleren Sammlung« der Reden des Buddha. Sie wird erzählt in der 63. Rede Culamalunkya Sutta. Der Sohn des Malunkya I. Vgl. *Die Lehrreden des Buddha aus der Mittleren Sammlung, Majjhima Nikaya,* 3 Bände, Jhana-Verlag 2001.